이아주소 6

Annotations on the Erya

옮긴이 이충구(李忠九)는 경기도 과천에서 출생하여 성균관대학교 대학원 국어국문학과에서 석사·박사 과정을 수료하고 문학박사 학위를 취득하였다. 독립기념관 전문위원을 역임하였고, 현재 성균관대학교 강사로 재직하면서 한중철학회 회장을 맡고 있다.

옮긴이 임재완(林在完)은 부산에서 출생하여 성균관대학교 대학원 한문학과에서 석사·박사 과정을 수료하였으며, 태동고전연구소(지곡서당 6기)를 수료하였다. 성균관대학교 강사 및 삼성문화재단 삼성미술관 리움 선임연구원을 역임하였고, 현재 수원시 역사박물관 전문위원으로 재직하고 있다.

옮긴이 김병헌(金柄憲)은 경북 영양에서 출생하여 성균관대학교 대학원 한문학과에서 석사·박사 과정을 수료하였다. 성균관대학교 강사 및 독립기념관 전문위원을 역임하였다. 현재 (주)사문원 대표이다.

옮긴이 성당제(成嘗濟)는 충남 예산에서 출생하여 성균관대학교 대학원 한문학과에서 석사·박사 과정을 수료하고 문학박사 학위를 취득하였다. 현재 성균관대학교 강사 및 서울대학교 규장각 한국학연구원으로 재직하고 있다.

이아주소 6

1판 1쇄 발행 2004년 12월 30일
1판 2쇄 발행 2008년 3월 25일

옮긴이 / 이충구·임재완·김병헌·성당제
펴낸이 / 박성모
펴낸곳 / 소명출판
등록 / 제13-522호
주소 / 137-878 서울시 서초구 서초동 1621-18 (란빌딩 1층)
대표전화 / (02) 585-7840
팩시밀리 / (02) 585-7848
somyong@korea.com / www.somyong.co.kr

ⓒ 2004, 한국학술진흥재단

값 18,000원

ISBN 978-89-5626-133-1 94030
ISBN 978-89-5626-127-0 (전6권)

이아주소(爾雅注疏) 6

Annotations on the Erya

이충구 · 임재완 · 김병헌 · 성당제 공역

『이아(爾雅)』는 선학(先學)들이 '여러 경전의 요체[群經之樞要]', '제자백가의 지침[百氏之指南]'이라고 하였다. 훈고(訓詁)를 연구하고 주소(注疏)를 다는 이들은 모두 『이아』를 근거로 삼았으며 『이아』가 13경에 편입되자 이를 극도로 추숭하였다. 『이아』의 가치는 훈고학의 기초를 확립했다는 점, 사어(詞語)의 다양한 옛 뜻을 보존하고 있다는 점에 있다. 따라서 『이아』는 고대 문헌을 학습하고 문화유산을 계승하는 데에 중요한 도구이다.

한자 독해의 원조(元祖), 훈고의 으뜸 고전으로서 『이아』의 위치는 확고하다. 『이아』의 피석사(被釋詞 : 標題語)와 해석사(解釋詞 : 說明語), 그리고 본문을 주해한 주(注)·소(疏) 및 음의(音義)는 독음해의(讀音解義)에 직결되므로, 해당 한자의 음의(音義)를 이해할 뿐만 아니라, 한자의 독해법칙까지 살필 수 있다. 한마디로 『이아』는 한자 뜻풀이의 지침서라고 하겠다.

이러한 중요성의 전제 아래 『이아』의 경문(經文)과 주소(注疏)와 음의(音義) 등을 한국어로 변역하여 옮긴 것이다. 『이아』의 번역은 한자의 한국적 독해, 즉 한자의 한국음의를 명확히 하고, 나아가 한자의 한국적 독해 방식·경향을 제시했다는 데 그 의의가 있다. 그러므로 이로부터 한자 독

해는 물론, 한자의 국어훈고 즉 한자의 국어의미 추구, 한자의미의 한국적 이해를 꾀할 수 있다. 이렇듯 한국어 사용자는 번역에 의해 한자의 의미를 파악하게 되므로, 『이아』의 번역은 결국 한국인에게 한자를 이해시키는 길잡이가 될 것이다.

이 번역이 갖는 의의를 몇 가지 들 수 있다.

첫째, 한자에 관한 최고(最古) 원전의 번역이다. 『이아』는 한자서로서 『설문해자(說文解字)』보다 훨씬 앞선다. 따라서 『이아』 번역은 한자 주석의 근원에 대한 국어번역이라고 할 수 있다.

둘째, 사서삼경 등 제경전을 해석하는 데 많은 도움이 될 수 있다. 『이아』에 수록된 한자는 특히 『시경(詩經)』을 비롯한 제경전에서 채록하여, 이를 훈고라는 입장에서 전문적으로 풀이한 것이다. 그러므로 『이아』 번역을 통해 제경전에 나오는 해당 한자의 의미를 분명히 이해할 수 있다.

셋째, 한자의 한국적 독해, 즉 한자의 한국 음의를 명확히 제시한다. 따라서 한국어 사용자들이 『이아』에 제시된 한자의 자음과 자의를 이해하는 데 도움을 줄 것이다.

넷째, 자전 편찬에 도움을 줄 수 있다. 『이아』는 자전의 원조라고 할 수 있다. 『이아』의 각 한자 의미는 자전에 모두 채택되어야 하는데, 이따금 누락된 것도 있고 또 부정확하게 주석된 경우도 있다. 그러므로 『이아』 번역은 자전의 미흡한 부분들을 보충하는 중요한 자료가 될 것이다.

다섯째, 『이아주소』의 번역은 세계 최초라는 점이다. 근래 『이아』 번역서가 나온 바 있으나 주소까지 함께 번역된 것은 없다.

번역 작업은 1998년 1월에 착수하였다. 윤번제로 원문과 역문을 준비하고 주로 격주 일요일에 함께 모여 낭독해 가면서 검토하였다. 작업이 상당히 진척된 2000년 가을에는 한국학술진흥재단의 동서양학술명저번역 지원 사업에 채택되어 진도에 박차를 가하게 되었다. 약 1년 뒤인 2001년 9월 30일에 번역을 마쳐 학술진흥재단에 보고하고, 출판 허가를 받아 지금 출간하게 된 것이다. 출간이 늦어진 것은 벽자 등의 장애로 번역자와

출판사 양측에서 교정에 시간과 노력을 많이 들였기 때문이다.

번역에 참여한 인원은 출입이 있었는 바, 작업을 본격적으로 추진하여 마무리한 사람은 4명이다. 김병헌·임재완 연구원은 처음부터 참여하였고, 본인과 성당제 연구원은 1999년 2월에 합류하였다. 끝까지 함께 하지 못한 동학들에게 아쉬워하며 한편 고마움을 느낀다.

역자들이 이 번역을 감당하기에는 매우 벅찬 것이었다. 그럼에도 이를 시도한 것은 『이아』를 독파해보자는 학문적 욕구 때문이었다. 그러나 애로도 많았다. 특히 『이아』에 인용된 『시경』을 비롯한 제경전 구절의 풀이를 주자(朱子) 및 그 학파의 주석에 의거하지 않고 십삼경주소본(十三經注疏本)의 주석에 의거해야 했으므로, 지금까지 익혔던 선입관을 버리고 번역해야 하는 데서 고민이 많았다. 미흡한 점에 마음이 끌린다. 지금 작업을 끝내면서 그 결과에 대하여 매우 부끄러운 생각이 든다. 다만 주소까지 몇 차례 읽었다는 것으로 위안을 삼고자 한다. 부족한 점은 제현의 질정으로 보충되기를 기대한다.

이 책이 나오는 데에는 많은 도움을 받았다. 특히 한국동양철학회를 통하여 학술진흥재단에 번역사업이 신청된 일은 깊이 기억될 것이다. 성균관대학교 임형택 교수님께서는 일찍부터 관심을 두시고 이끌어주셨다. 학술진흥재단 관계자 제위께서는 번역지원 사업에 채택하고 출판을 허락해 주셨다. 그리고 소명출판에서는 어렵고 지루한 출판을 맡아주셨다. 감사드린다.

2004년 12월
이충구 씀

이아주소 6

역자 서문 · 3

1. 부수 총획순 _ 11

1획 ·· 11
　　一 · 11 __ㅣ · 13 __丶 · 13 __丿 · 13 __乙 · 13 __亅 · 14

2획 ·· 14
　　二 · 14 __亠 · 14 __人 · 15 __儿 · 18 __入 · 19 __八 · 19 __冂 · 20 __冖 · 20
　　冫 · 20 __几 · 20 __凵 · 20 __刀 · 21 __力 · 22 __勹 · 22 __匕 · 22 __匚 · 22
　　匸 · 22 __十 · 23 __卜 · 23 __卩 · 23 __厂 · 23 __厶 · 24 __又 · 24

3획 ·· 24
　　口 · 24 __囗 · 27 __土 · 27 __士 · 29 __夂 · 29 __夕 · 30 __大 · 30 __女 · 32
　　子 · 34 __宀 · 35 __寸 · 36 __小 · 37 __尢 · 37 __尸 · 38 __山 · 38 __巛 · 39
　　工 · 40 __己 · 40 __巾 · 40 __干 · 41 __幺 · 41 __广 · 41 __廴 · 42 __廾 · 42
　　弋 · 42 __弓 · 42 __彐 · 42 __彡 · 42 __彳 · 43

4획 ·· 44
　　心 · 44 __戈 · 46 __戶 · 46 __手 · 47 __支 · 48 __攴 · 48 __文 · 49 __斗 · 49
　　斤 · 49 __方 · 49 __无 · 50 __日 · 50 __曰 · 52 __月 · 52 __木 · 53 __欠 · 58
　　止 · 58 __歹 · 59 __殳 · 59 __毋 · 59 __比 · 59 __毛 · 60 __氏 · 60 __气 · 60
　　水 · 60 __火 · 64 __爪 · 66 __父 · 66 __爻 · 66 __爿 · 66 __片 · 67 __牛 · 67
　　犬 · 67

5획 ·· 68
　　玄 · 68 __玉 · 69 __瓜 · 70 __瓦 · 70 __甘 · 70 __生 · 70 __用 · 71 __田 · 71
　　疋 · 71 __疒 · 72 __癶 · 72 __白 · 72 __皮 · 73 __皿 · 73 __目 · 74 __矛 · 74
　　矢 · 74 __石 · 74 __示 · 75 __内 · 76 __禾 · 76 __穴 · 76 __立 · 77

이아주소 1

흠정 사고전서 총목 이아주소 11권 · **49**

이아소서(爾雅疏叙) · **57**

『이아』주해전술인 · **61**

권1(卷一) __ **65**

이아서(爾雅序) 65

석고(釋詁) 제1(第一) 94

권2(卷二) __ **189**

석고하(釋詁下) 189

이아주소 2

권3(卷三) __ **9**

석언(釋言) 제2(第二) 9

권4(卷四) __ **279**

석훈(釋訓) 제3(第三) 279

석친(釋親) 제4(第四) 417

이아주소 3

권5(卷五) __ **9**

석궁(釋宮) 제5(第五) 9

석기(釋器) 제6(第六) 79

석악(釋樂) 제7(第七) 192

권6(卷六) __ 229

석천(釋天) 제8(第八) ………………………………………………… 229

이아 주소 4

권7(卷七) __ 9

석지(釋地) 제9(第九) ……………………………………………………… 9

석구(釋丘) 제10(第十) …………………………………………………… 86

석산(釋山) 제11(第十一) ………………………………………………… 130

석수(釋水) 제12(第十二) ………………………………………………… 179

권8(卷八) __ 245

석초(釋草) 제13(第十三) ………………………………………………… 245

이아 주소 5

권9(卷九) __ 9

석목(釋木) 제14(第十四) …………………………………………………… 9

석충(釋蟲) 제15(第十五) ………………………………………………… 118

석어(釋魚) 제16(第十六) ………………………………………………… 200

권10(卷十) __ 277

석조(釋鳥) 제17(第十七) ………………………………………………… 277

석수(釋獸) 제18(第十八) ………………………………………………… 390

석축(釋畜) 제19(第十九) ………………………………………………… 480

참고문헌 __ 555

1. 부수 총획순

1획

一

01 一脚   4책(62)

01 一角   5책(427)

01 一孔   4책(62)

01 一孔上出   3책(208)

01 一短一長   5책(535)

01 一達   3책(64)

01 一目   4책(62)

01 一目白   5책(512)

01 一目一翼   4책(58)

01 一秭二米   4책(317)

01 一臂   4책(62)

01 一鼻   4책(62)

01 一成   4책(137)

01 一歲三華   4책(288)

01 一歲千斤   5책(414)

01 一眼   4책(56)

01 一染   3책(179)

01 一羽   3책(151)

01 一在鼻上   5책(441)

01 一在額上   5책(441)

01 一在頂上   5책(441)

01 一川色黃   4책(227)

01 一寸三分   3책(208)

02 丁   1책(292)

02 丁丁   2책(345)

02 七達   3책(66)

02 七月   3책(274)

02 七戎   4책(80)

02 七尺已上爲駥   5책(503)

03 三孔而短小   3책(219)

03 三達   3책(64)

03 三道交   3책(66)

03 三成   4책(91)

03 三歲   4책(74)

03 三襲   4책(136)

03 三染   3책(180)

03 三隅竈   2책(118)

03 三月   3책(274)

03 三月哉生魄   1책(98)

03 三危山   4책(16)

03 三足龜   5책(239)

03 三足鼈   5책(239)

03 三簧一和而成聲   3책(206)

03 上句   5책(106)

03 上山斫檀   5책(34)

03 上小貝　5책(254)

03 上楹　3책(37)

03 上章　3책(264)

03 上正　4책(98, 147)

03 上天　3책(245)

03 上橫梁　3책(21)

03 下　　1책(162), 2책(111)

03 下句　5책(106)

03 下武維周　1책(159)

03 下溼　4책(69)

03 下者　4책(71)

03 下出　4책(184)

03 下平　4책(71)

04 不可泳思　4책(211)

04 不角者　5책(433)

04 不大不小者　3책(192)

04 不類　5책(247)

04 不律　3책(165)

04 不相連　4책(158)

04 不若　5책(247)

04 不榮而實者　4책(482)

04 不爲牝牡　5책(372)

04 不著子　5책(65)

04 不蜩　5책(137)

04 不辰　2책(414)

04 不槩頓　5책(100)

04 不解核　5책(58)

04 不可待　2책(370)

04 不可襄也　2책(149)

04 不可以茹　2책(62)

04 不敢縣於夫之楎椸　3책(31)

04 不謙遜也　2책(380)

04 不過　5책(138)

04 不窟之曾孫　2책(425)

04 不及　2책(378)

04 不憖不竦　1책(225)

04 不念鞠子哀　2책(31)

04 不能俯　2책(402)

04 不能仰　2책(403)

04 不道也　2책(372)

04 不得已　2책(378)

04 不來也　2책(370)

04 不復畫之　3책(376)

04 不比不飛　4책(57)

04 不比不行　4책(56)

04 不俟　2책(370)

04 不尙息焉　2책(26)

04 不速之客　2책(92)

04 不遜也　2책(379)

04 不溍　4책(119)

04 不循軌跡也　2책(371)

04 不時也　2책(414)

04 不欲令曳地　3책(367)

04 不踰矩　1책(141)

04 不寁故也　1책(218)

04 不蹟也　2책(370)

04 不專一　2책(47)

04 不主於飮酒　1책(282)

04 不徹　2책(372)

04 不菑畬　4책(74)

04 不昏作勞　1책(186)

04 不遑啓處　2책(225)

04 不遹　2책(370)

05 丘　4책(97, 118)

05 丘背有丘　4책(110)

05 丘邊有界坿　4책(97)

05 丘上有丘　4책(114)

05 丘有壟界如田畝　4책(113)

05 丘一成　4책(87)

05 丘墟耳　1책(220)

05 丙　5책(268)

05 丞　1책(108)

05 丕丕　2책(304)
05 世母　2책(426)
05 世父　2책(422)
05 世世昌盛長無窮　2책(342)
05 世有爲嫡者　2책(422)
05 世統異故　2책(421)
05 且　3책(274)
05 且觀之兵　2책(27)

丨

04 中　2책(11)
04 中可居者曰洲　4책(225)
04 中莖爲蕎　4책(352)
04 中空　4책(312, 430)
04 中國　4책(84)
04 中馗　4책(421)
04 中斷皮也　3책(189)
04 中唐有甓　3책(62)
04 中陵　4책(40)
04 中牟縣　4책(38)
04 中實　4책(429)
04 中實少髓　5책(409)
04 中心苦　4책(356)
04 中心黃　4책(404)
04 中嶽　4책(172)
04 中嶽嵩高山　4책(139)
04 中央廣　5책(253)
04 中爲車輞　5책(80)
04 中有椎柄　3책(224)
04 中藏卵果　5책(47)
04 中庭　3책(71)
04 中庭之左右　3책(48)
04 中尊　3책(191)
04 中州　4책(84)
07 串　1책(298)

丶

04 丹甲青文　5책(271)
04 丹朱馮身以儀之　1책(155)
04 丹穴　4책(83)
04 丹穴山　4책(84)
04 丹穴之人智　4책(85)
05 主　1책(171)
05 主人肅客　1책(195)

丿

02 乃　1책(324)
02 乃賡載歌　1책(362)
02 乃立冢土　3책(358)
02 乂　1책(332)
03 久　1책(299)
03 久雨　3책(298)
04 之　1책(122, 265)
04 之子者　2책(395)
10 乘彼垝垣　1책(168)

乙

01 乙　5책(268)
02 九達　3책(67)
02 九流之津涉　1책(73)
02 九府　4책(55)
02 九嬪之官　2책(419)
02 九葉　4책(401)
02 九十其犉　5책(548)
02 九罭　3책(94)
02 九月　3책(274)
02 九夷　4책(80)
02 九州　4책(27)
02 九澤　4책(37)

02 九河　4책(243)
13 亂　1책(314, 332, 351)
13 亂法　1책(351)
13 亂是用餤　1책(195)
13 亂如此憮　1책(109)
13 亂于河　4책(221)

J

04 予　1책(123, 189, 193)
04 予有亂臣十人　1책(333)
04 予一人　1책(189)
08 事　1책(174, 236)
08 事厥考厥長　2책(419)
08 事有隱滯　1책(84)

2획 ▰▰▰▰▰▰▰▰▰▰▰▰

二

02 二國往脥之　2책(439)
02 二達　3책(64)
02 二目白　5책(512)
02 二歲　4책(74)
02 二十七絃　3책(197)
02 二月　3책(274)
02 二足而羽　5책(386)
03 于　1책(150, 152)
03 于以采蘋　4책(373)
03 于彼新田　4책(74)
03 于彼朝陽　4책(170)
04 五架屋際椽不直上檐　3책(40)
04 五架屋際椽正相當　3책(40)
04 五穀　4책(54)
04 五穀不成　3책(260)
04 五穀爲區　3책(150)

04 五劇鄉　3책(65)
04 五年一大祭　3책(344)
04 五達　3책(65)
04 五味　4책(409)
04 五方　4책(64)
04 五十里之界　4책(65)
04 五葉共叢生一莖　4책(402)
04 五月　3책(274)
04 五月羔爲羜　5책(537)
04 五彩具　5책(124)
04 五彩色　5책(308)
04 五絃　3책(199)
04 云何旰矣　1책(232)
04 井一有水一無水　4책(181)
04 井中小蛣蟩　5책(228)
08 亞　2책(213, 449)
09 亟　1책(216, 218), 2책(45)

亠

04 亢　3책(301), 5책(380)
04 亢卽咽　5책(380)
06 交　3책(40)
06 交道四出　3책(65)
06 交領　3책(116)
06 交於檼上　3책(40)
06 交州　5책(522)
06 亦有一角者　5책(441)
08 京　1책(108), 4책(95)
08 京京　2책(326)
08 京觀　4책(96)
08 享　1책(349, 350)
08 享祀　1책(349)
09 亮　1책(146, 198, 199)
09 亭歷　4책(328)
13 亶　1책(146, 148, 254)

22 亹亹   1책(184)
22 亹亹文王   1책(184)

人

02 人   2책(144)
02 人家麻   4책(428)
02 人君南鄉當階間   3책(48)
02 人君視朝所宁立處   3책(48)
02 人力所作   4책(96, 225)
02 人面豕身   5책(458)
02 人病之通名   1책(227)
02 人所彦詠   2책(391)
02 人所爲爲濄   4책(225)
02 人須學問以成德   2책(381)
02 人植之   5책(89)
02 人壅其流以爲陂種稻   4책(192)
02 人衆   2책(144)
02 人衆所以生塵埃   2책(175)
02 人喜則斯陶   1책(339)
04 介   1책(108, 124, 199)
04 介   2책(151)
04 介人維藩   1책(125)
04 仇   1책(153, 155)
04 仇仇   2책(321)
04 今   1책(253)
04 今南陽冠軍樂鄉數道交錯   3책(65)
04 今北海劇縣有此道   3책(66)
04 今又荐饑   3책(261)
04 今人亦以覆屋   4책(265)
04 今齊之營丘   4책(103)
04 今之石橋   3책(73)
04 今之紫貝   5책(253)
04 今之蒔也   4책(267)
04 仆   2책(212)
04 仍   1책(254, 324, 347)

04 仍舊貫   1책(174)
04 仍饑   3책(261)
04 仍孫   2책(426)
04 仍孫之子   2책(426)
04 仍亦重也   2책(426)
04 仄出   4책(185)
05 代   1책(307)
05 令   1책(124, 164)
05 令居官   2책(71)
05 令上向   3책(365)
05 令左右擊   3책(224)
05 付新死者於祖廟   1책(363)
05 付也   1책(363)
05 仙鼠   5책(346)
05 令終有俶   1책(98)
05 令飄風兮先驅   3책(297)
05 以脚自摩抒   5책(194)
05 以鳩其民   1책(214)
05 以金者   3책(170)
05 以木長尺   3책(224)
05 以帛練爲旒   3책(376)
05 以白爲質   5책(253)
05 以白地錦   3책(364)
05 以事相屬累   2책(75)
05 以蜃者   3책(170)
05 以我剡耜   1책(343)
05 以玉石爲之   3책(204)
05 以玉者   3책(170)
05 以韋靶車軾   3책(125)
05 以韋靶後戶   3책(125)
05 以喻朋友切磋相正   2책(345)
05 以殷仲春   2책(11)
05 以衣涉水爲厲   4책(208)
05 以翼右掩左   5책(383)
05 以滕秦穆姬   2책(51)
05 以紫爲質   5책(253)

05 以簞衣軾　3책(126)
05 以正四時　3책(323)
05 以姪娣從　2책(439)
05 以筆減字爲點　3책(166)
05 以頰裏藏食　5책(461)
05 以黃爲質　5책(253)
05 以獲賊耳爲馘　1책(341)
05 以茠蒤蔞　4책(411)
06 企　5책(378)
06 企望塵躅　1책(84)
06 伐柯伐柯　1책(141)
06 仰者　5책(246)
06 伊　1책(369, 370)
06 伊洛而南　5책(366)
06 任　1책(344)
06 任城生黑黍　4책(317)
06 仲　3책(219), 4책(430)
06 仲山甫徂齊　1책(217)
06 仲子者何?　2책(419)
06 休　1책(205, 315), 2책(33, 199), 5책(59)
06 休有烈光　1책(201)
06 休休　2책(312)
07 佞　1책(344)
07 佞人似信　1책(344)
07 但有大室　3책(76)
07 伯　1책(327)
07 伯旣禱　3책(342)
07 伯勞　5책(387)
07 伯樂相馬法　5책(500)
07 伯趙氏　5책(387)
07 似葛而靇大　5책(44)
07 似薊而肥大　4책(252)
07 似葵　4책(327)
07 似葵而香　4책(416)
07 似獼　5책(455)
07 似藜　4책(253)

07 似貍　5책(423, 440)
07 似李樹　4책(250)
07 似馬而牛蹄　5책(487)
07 似茅　4책(265)
07 似獼猴而大　5책(455)
07 似麀　4책(58), 5책(294, 338)
07 似鮒子而黑　5책(222)
07 似蛇泟　4책(340)
07 似山雞而小　5책(364)
07 似山鵲而小　5책(280)
07 似小藜　4책(302)
07 似綬　4책(273)
07 似著　4책(284)
07 似鴨而小　5책(336)
07 似鳩而短頸　5책(291)
07 似鳩而黑　5책(335)
07 似燕　5책(344)
07 似烏　5책(359)
07 似烏而小　5책(345)
07 似烏鸇而大　5책(350)
07 似熊　5책(409)
07 似熊而長頸高脚　5책(425)
07 似鷹　5책(348)
07 似鷹而白　5책(321)
07 似鵲而有文彩　5책(299)
07 似薺葉細　4책(263)
07 似青蛙　5책(235)
07 似萑而細　4책(472)
07 似雉　5책(341)
07 似鴟鵂而小　5책(340)
07 似土螽而小　5책(174)
07 似鯿而大鱗　5책(220)
07 似蒲而細　4책(310)
07 似蝦蟆　5책(235)
07 似鶷鷢而大　5책(387)
07 似蟹而小　5책(243)

07 似蟬子　5책(226)
07 似紅草而粗大　4책(264)
07 似蝗而大腹　5책(140)
07 似蝗而小　5책(149)
07 余　1책(189, 192), 3책(274)
07 佑助　1책(199)
07 位　3책(48)
07 位在北方　3책(312)
07 作　1책(293), 2책(52, 297)
07 作孔入其中　5책(130)
07 作履苴草　4책(336)
07 作盟詛之載　1책(258)
07 作噩　3책(265)
07 佇　1책(299)
07 佇企　1책(299)
07 佐興虐政　2책(360)
07 佌佌　2책(322)
07 佗佗　2책(298)
07 何鼓　3책(323)
07 何不　2책(190)
07 何足算也　1책(329)
07 何天之休　2책(199)
08 佳麗美艶之貌　2책(298)
08 供　1책(317)
08 來　1책(118, 236), 2책(21)
08 來孫　2책(425)
08 來孫之子　2책(425)
08 來獻其琛　2책(93)
08 使　1책(345, 346)
08 使供職　2책(96)
08 使涷雨兮灑塵　3책(297)
08 使令　1책(345)
08 使擇美楀　5책(78)
08 侑　1책(282)
08 佀　2책(48)
08 佀次爲副貳　2책(48)

08 佻　2책(58)
08 佻佻　2책(347)
08 侏儒柱也　3책(37)
08 侜張　2책(412)
08 侈　2책(124)
08 佩衿　3책(117)
08 佩玉之帶上屬　3책(117)
08 佩玉之組　3책(178)
08 個個　2책(316)
09 係　1책(158)
09 俅　2책(114)
09 俅俅　2책(338)
09 侮　2책(158)
09 備　1책(289)
09 俘　1책(352)
09 俘厥寶玉　1책(352)
09 信　1책(146)
09 俊　2책(95)
09 俊士之選　2책(95)
09 促織　5책(143)
09 便攀援　5책(450)
09 便速敏捷　2책(295)
09 便自停成汚池　4책(190)
09 便便　2책(283)
09 俔　2책(239)
09 侯　1책(105, 324, 370)
09 侯莎　4책(350)
09 侯誰在矣　1책(370)
10 倨牙　5책(483)
10 俱嫁事一夫　2책(439)
10 俱已嫁　2책(437)
10 併　2책(229)
10 併兩船　4책(215)
10 併木以渡　4책(216)
10 併漆之　3책(217)
10 俯者　5책(245)

10 俾　　1책(345, 346), 2책(96)
10 俾爾戩穀　　1책(241)
10 修　　3책(221, 273)
10 修長也　　3책(77)
10 修毫　　5책(439)
10 俶　　1책(98, 293)
10 俶甚也　　1책(293)
10 俶載南畝　　1책(98)
10 倫　　1책(233)
10 倚商　　4책(403)
10 倉庚　　5책(353, 357, 389)
10 倉廩　　2책(236)
10 俴　　2책(170)
11 假　　1책(108, 301, 312, 372)
11 假樂　　1책(313)
11 健唼細魚　　5책(214)
11 健上樹　　5책(438)
11 健捕鼠　　5책(448)
11 健行者　　5책(522)
11 偶　　1책(153), 2책(223)
11 偶爾相值遇　　2책(223)
11 停潦　　4책(164)
11 停泉　　4책(163)
11 俻　　2책(103)
11 俻爾戈　　2책(103)
11 俻俻　　2책(301)
11 偸　　2책(58)
11 偏高　　4책(108)
11 偟　　2책(225)
12 傅　　1책(330), 4책(382), 5책(163)
12 備具　　1책(317), 2책(217)
13 健　　5책(545)
13 傷　　1책(238)
13 傷見絶棄　　2책(354)
13 傷已失所　　2책(353)
13 傺　　2책(137)

13 傲　　2책(29, 321)
13 傲慢賢　　2책(321)
13 備　　2책(111)
13 傳　　2책(16), 3책(36)
13 傳車驛馬之名　　2책(17)
13 僉　　1책(325)
14 僚壻　　2책(450)
14 債　　2책(188)
14 僞　　1책(256)
15 僵　　2책(188)
15 儉　　2책(312)
15 僻　　2책(317)
15 優　　2책(85)
15 儀　　1책(124, 155, 288)
15 儀表　　1책(288)
15 儀刑文王　　1책(125)
16 儚儚　　2책(316)
16 儔　　1책(155)
17 優優　　2책(285)
19 儵儵　　2책(352)
19 儴　　1책(347)
22 儼　　1책(244)

儿

04 元　　1책(98, 359)
04 允　　1책(146, 148, 344)
04 允信者　　1책(344)
05 充　　1책(178), 2책(44)
05 充盛　　1책(178)
05 兄　　2책(422)
05 兄公　　2책(448)
05 兄弟　　2책(449)
05 兄鍾　　2책(449)
05 兄之子弟之子相謂　　2책(423)
06 光　　1책(201)

06 先姑　2책(448)

06 先舅　2책(448)

06 先祖于摧　1책(118)

06 先集維霓　3책(295)

06 先後　2책(275)

06 兆　2책(88)

07 克　1책(181), 2책(208)

07 克之者何　1책(181)

08 兒　5책(440)

08 冤罟　3책(97)

08 冤頭　5책(340)

08 冤子　5책(398)

08 冤後　4책(59)

09 兗州　4책(20)

14 兢兢　2책(286)

入

02 入　3책(362)

02 入其裏藏隱　3책(96)

02 入耳　5책(123)

04 內爛　3책(133)

08 兩階間　3책(47)

08 兩頭蛇　4책(63)

08 兩頭銳　5책(253)

08 兩山相重　4책(137)

08 兩壻相謂　2책(449)

08 兩手持爲拱　1책(311)

08 兩厓累者爲岸　4책(124)

08 兩鳥鳴　2책(345)

08 兩片相合乃得行　4책(56)

08 兩被毛　5책(509)

08 兩河　4책(11)

08 兩壺兩鬵　5책(534)

09 兪　2책(24)

八

02 八角螫蟲　5책(157)

02 八孔　3책(208)

02 八達　3책(67)

02 八陵　4책(44)

02 八十爲耋　2책(168)

02 八月　3책(274)

02 八晉克諧　1책(207)

02 八狄　4책(80)

04 公　1책(105, 174)

04 六孔　3책(210, 217)

04 六達　3책(66)

04 六蠻　4책(80)

04 六眼龜　5책(239)

04 六藝之鈐鍵　1책(73)

04 六月　3책(274)

04 六人維王之太常　3책(367)

04 六日不詹　1책(118)

04 六畜　5책(550)

06 共　1책(317)

06 共爲雄雌　5책(372)

08 具　1책(317), 2책(217)

08 具區　4책(35)

08 其　2책(194), 3책(37)

08 其狗半之　5책(415)

08 其女子子　2책(434)

08 其徒微之　1책(267)

08 其味辛香　5책(53)

08 其美者　3책(157)

08 其邊若堂之牆　4책(123)

08 其本所出處爲濆魁　4책(192)

08 其三在河南　4책(116)

08 其色黲黑而黃　5책(389)

08 其葉苻　4책(295)

08 其所臥蓐　5책(402)

08 其小者　3책(53)
08 其樹可以爲掃篲　4책(253)
08 其深無限　4책(192)
08 其葉蓁蓁　2책(302)
08 其二在河北　4책(116)
08 其雌鴟　5책(306)
08 其掌　5책(379)
08 其粻　5책(380)
08 其跡　5책(391, 394, 395, 398, 447)
08 其跡刻　5책(403)
08 其踵　5책(378)
08 其妻齕之　1책(308)
08 其椎名　3책(224)
08 其檔其翳　5책(101)
08 其則不遠　1책(141)
08 其虛其徐　2책(392)
08 典　1책(138), 2책(262)
16 冀州　4책(11)

冂

06 再　2책(41)
06 再成　4책(89, 137)
06 再成銳上　4책(90)
06 再宿爲信　2책(389)
06 再染　3책(179)
09 冒其頭也　3책(97)

冖

09 冠背毛黃　5책(364)
10 冥　2책(110, 210)
10 冥貌　2책(192)
10 冢　1책(108), 4책(150)

冫

05 冬　3책(245, 253)
05 冬桃　5책(57)
05 冬獵　3책(352)
05 冬無水　4책(164)
05 冬不死　4책(368)
05 冬生葉可煮作羹飮　5책(95)
05 冬祭　3책(331)
05 冬鳸　5책(328)
06 冰　3책(138)
06 冰臺　4책(328)
06 冰雪　3책(139)
07 況　2책(235)

几

03 凡曲者　2책(415)
03 凡魚之子總名　5책(213)
03 凡以薄爲魚笱者　2책(415)
12 凱風　3책(279)
12 凱風自南　3책(279)

凵

04 凶　2책(153)
05 出　2책(437), 3책(361)
05 出交趾　5책(74)
05 出不流　4책(190)
05 出塞外　5책(482)
05 出隆　4책(338)
05 出如舒鴈　5책(292)
05 出穢邪頭國　5책(225)
05 出日南　5책(252)
05 出日南漲海中　5책(242)
05 出之子　2책(438)

05 出巴中　　5책(521)

刀

04 分　　2책(135), 3책(106)
04 分別蟲唊食禾　　5책(197)
04 分部　　2책(135)
04 分齊也　　2책(247)
04 刈禾聲　　2책(335)
04 切　　3책(162)
06 列管瓠中　　3책(206)
06 刖　　2책(242)
06 刑　　1책(138, 140)
06 刑罪　　1책(142)
07 利　　1책(343)
07 別蓬種類　　4책(260)
07 別四名也　　5책(259)
07 別山陵間有水者之名　　4책(168)
07 別鶺鴒鵁之名　　5책(382)
07 別厓表裏之名　　4책(122)
07 別羽數多少之名　　3책(152)
07 別爲小水之名　　4책(196)
07 別爲音圖　　1책(84)
07 別枓所在長短之名　　3책(32)
07 初　　1책(98)
07 初耕地反草爲菑　　4책(73)
07 初生可食　　4책(312)
07 初生無葉　　4책(442)
07 初出可啖　　4책(449)
08 刻　　3책(162)
08 刻斷物爲契斷　　1책(323)
08 刻鏤物爲鏤　　3책(191)
08 到　　1책(118)
08 刷　　1책(305)
08 刺　　1책(182), 4책(453)
08 刺素食也　　2책(356)

08 刺楡　　5책(30)
08 刺人　　4책(342)
08 刺之者何　　1책(182)
08 刺探嘗試　　2책(94)
08 制法則也　　2책(360)
09 剋　　1책(179)
09 刺粗而長　　5책(82)
09 削鱗也　　3책(137)
09 削殺其幅　　3책(119)
09 前高　　4책(107)
09 前茅慮無　　2책(100)
09 前覆　　2책(188)
09 前似獼猴　　5책(267)
09 前弇諸果　　5책(246)
09 前右足白　　5책(491)
09 前足皆白　　5책(491)
09 前左脚白　　5책(492)
09 則　　1책(138, 140), 2책(132, 262), 3책(273)
10 剝其皮也　　3책(136)
10 剝取皮合漬之　　5책(53)
10 剖母背而生　　5책(193)
10 剖葦　　5책(305)
10 剡　　1책(343)
10 剒　　3책(161)
10 剟其瑕礫　　1책(84)
11 副　　1책(321)
11 副長　　1책(321)
11 劇　　3책(161)
12 割　　2책(73)
13 剽　　3책(213)
15 劇旁　　3책(64)
15 劇驂　　3책(66)
15 劉枓　　5책(73)
15 劉子生山中　　5책(74)
15 劉疾　　5책(323)
15 劉　　1책(170, 181, 182), 5책(73)

16 劑　2책(48)

力

02 力　2책(113)
05 加　1책(210)
05 加陵　4책(41)
05 加王者尊之　2책(420)
05 功　1책(179, 273, 274)
05 功勞　1책(273)
05 功業　1책(273)
07 劬勞　1책(226), 2책(307)
07 劭　1책(184)
07 助　1책(198)
08 劼　1책(202)
09 勉　1책(184), 2책(306)
09 勉强　1책(186)
09 勇　2책(290)
11 動　1책(293, 319), 2책(287)
11 動大衆　3책(358)
11 勔　1책(184)
11 勔釗　1책(184)
11 務　1책(186), 2책(158)
11 勖　1책(184)
12 勞　1책(233, 236), 2책(307)
12 勝　1책(179, 181)
12 勝於貓　5책(448)
13 勤　1책(233, 236)
14 勘　1책(233)
15 勷　1책(208)
16 勳　1책(273)
17 勵　1책(198)
17 勵謂贊勉　1책(198)
20 勸尙　1책(199)

ク

04 勿念　2책(372)
04 勿忘也　2책(372)

匕

04 化　2책(172)
05 北極　3책(322, 323)
05 北戴斗極　4책(83)
05 北斗　4책(84)
05 北陵　4책(40)
05 北方　4책(52, 62), 5책(367)
05 北方色黑　3책(311)
05 北方也　2책(369)
05 北辰　3책(322)
05 北嶽　4책(132), 4책(172)
05 北燕曰遼　2책(38)
05 北陸　3책(312)
05 北狄　4책(23)
05 北風　3책(280)
05 北風其涼　3책(280)
05 北海有獸　5책(481)
05 北戶　4책(77)

匚

06 匡　2책(203)

匸

04 匹　1책(153, 155)
11 區　3책(150)
11 匿　1책(267)

十

02 十六管　3책(215)
03 千里馬　5책(500)
03 千里一曲一直　4책(228)
02 十三簧者　3책(206)
02 十藪　4책(40)
02 十羽　3책(151)
02 十月　3책(274)
02 十二月　3책(275)
02 十一月　3책(275)
05 半珪也　3책(174)
05 半體之人　4책(62)
05 卉　4책(278)
08 卑而大　4책(142)
08 卒　1책(211, 372~374), 2책(230)
08 協　1책(132, 207)
08 協洽　3책(265)
09 南郡　4책(33)
09 南郡獲白虎　5책(411)
09 南斗　3책(308)
09 南陵　4책(40)
09 南方　4책(48, 57), 5책(367)
09 南方越人采以爲席　4책(433)
09 南嶽　4책(133, 171)
09 南風　3책(279)
09 南河　4책(13)
12 博關群言　1책(84)
12 博物不惑　1책(80)
12 博三寸　5책(264)
12 博說道之異名　3책(63)
12 博而頮　5책(253)
12 博異語　5책(259)

卜

02 卜　1책(193)
05 占　2책(80)
07 卣　3책(110, 191)

卩

04 卬　1책(189)
04 卬鼻而長尾　5책(455)
06 危　1책(248), 2책(288)
06 危懼　2책(290)
08 卷施草　4책(477)
09 卻偃　2책(188)
09 卽　1책(364)
09 卽供金鈑　3책(158)
09 卽來　5책(21)
09 卽薪　5책(70)
09 卽猶今也　1책(364)

厂

07 厎　1책(247), 2책(21)
08 厊　4책(156)
08 厓內　4책(122)
08 厓水邊　4책(118)
08 厓岸　4책(129)
09 厖　1책(108, 117)
09 厚　1책(254)
09 厚貌　1책(254)
09 厚重　2책(141)
10 厞　2책(37)
10 厞用席　2책(37)
10 厤羲　4책(150)
10 原　2책(41), 4책(69, 70)
10 原隰哀矣　1책(214)

12 厭　2책(194)

12 厭聲載路　1책(109)

12 厤　1책(329)

14 厵　4책(194)

14 厭　1책(271)

14 厭串　1책(298)

14 厭極爲釁　1책(211)

15 厲　1책(293), 3책(273)

厶

05 去蚊　5책(235)

又

02 又殺蟲　4책(302)

02 又祭也　3책(346)

04 及　1책(300), 2책(109, 139)

04 及我欲之　2책(378)

04 反入　4책(188)

04 反尊卑也　3책(362)

04 反踵　5책(444)

08 受福不那　1책(223)

08 受食之處　5책(380)

08 叔　2책(449)

08 叔母　2책(427)

08 叔父　2책(422)

08 取　1책(352)

08 取物終更始　3책(270)

08 取四時一終　3책(269)

08 取俊士　2책(71)

08 取禾一熟　3책(269)

09 俶　1책(315)

09 叙　1책(128), 2책(25)

09 叙詩人之興詠　1책(69)

18 叢　5책(118)

18 叢木　5책(82)

18 叢生糞土中　5책(132)

18 叢生巖嶺　5책(36)

18 叢生如盤　4책(440)

18 叢生有刺　5책(87)

3획 ▬▬▬▬▬▬▬▬▬▬▬▬▬▬▬

口

03 口如錐　5책(358)

03 口柔也　2책(401)

03 口柔之人　2책(402)

05 可　2책(157)

05 可隔以爲津而橫渡　4책(238)

05 可矜憐者　2책(55)

05 可啖　4책(299)

05 可淋以爲飮　4책(376)

05 可食　4책(70, 250, 302, 363)

05 可以染絳　4책(267)

05 可以染赤　4책(264)

05 可以染皁　4책(262)

05 可以爲索　4책(414)

05 可以爲席　4책(261)

05 可以爲掃彗　4책(284)

05 可以爲杖　5책(38)

05 可以爲酒杯　5책(242)

05 可以爓蠶蛹　4책(282)

05 可作印　5책(268)

05 可種穀給食　4책(70)

05 古　1책(251), 2책(150)

05 古者貴賤皆自稱朕　1책(189)

05 古者謂死人爲歸人　2책(416)

05 古之良馬名　5책(505)

05 古之名雞　5책(550)

05 句如羽　5책(106)

05 叫   2책(200)
05 召   2책(92)
05 召陵扶夷縣   5책(413)
05 召伯所稅   1책(314)
05 右   1책(198, 199)
05 右高   4책(107)
05 右陵   4책(112)
05 右服盜驪   5책(488)
05 右食   5책(247)
05 右倪   5책(247)
05 台   1책(189, 193)
06 各隨事爲義   2책(268)
06 吉   2책(87)
06 同   2책(184, 214)
06 同官爲寮   1책(173)
06 同姓之親無服屬   2책(423)
06 同出   2책(437, 439)
06 名駒驦   5책(481)
06 名爲罿   2책(415)
06 名之爲漢   4책(192)
06 吐蚊   5책(350)
06 合   1책(153, 157)
06 合剝鳥皮毛置之竿頭   3책(373)
06 合浦   5책(522)
06 后   1책(105)
07 告   1책(164), 2책(19)
07 君   1책(105)
07 君姑   2책(448)
07 君舅   2책(448)
07 君山   5책(239)
07 君爲廬宮之   4책(157)
07 君子好仇   1책(155)
07 君之德也   2책(343)
07 吾   1책(189)
07 吾聞之先姑   2책(448)
07 吾謂之甥   2책(436)

07 吾謂之甥也   2책(451)
07 吳   1책(146, 176)
07 吳嶽   4책(131)
07 吳羊白羝   5책(533)
07 吳越   4책(35)
07 吳澤   4책(30)
07 吳縣   4책(35)
07 吳興郡   5책(239)
07 吹沙小魚   5책(208)
07 含漿   5책(238)
08 咎   1책(226), 2책(153)
08 命   1책(164)
08 味   5책(29)
08 味酢   4책(363)
08 呻也   2책(410)
08 呻吟之聲   2책(410)
08 呰   1책(295)
08 周   3책(269, 346), 4책(39)
08 周宣王時賢臣   2책(388)
08 周人黃馬繁鬣   5책(509)
08 周徧也   2책(16)
08 周顯王   4책(112)
08 和   1책(207, 208), 2책(285), 3책(206, 221)
08 和樂   2책(285), 3책(227)
08 和柔   2책(288)
08 咽   1책(315)
09 咢   3책(221)
09 哀我矜人   1책(234)
09 哀哀   2책(351)
09 咽爲䐄   5책(474)
09 咽中裹食處   5책(474)
09 否   1책(135, 295, 297)
09 否于二號   1책(135)
09 哉   1책(98, 265)
09 咮   3책(321)
09 咸   1책(325)

20 嚴利　2책(329)
20 嚴猛之貌　2책(292)
21 囂　2책(147)
21 囂然　2책(147)

口

05 四脚　5책(267)
05 四骸皆白　5책(490)
05 四國是訛　2책(172)
05 四國是皇　2책(203)
05 四極　4책(76, 78, 86)
05 四氣和　3책(253)
05 四達　3책(65)
05 四道交出　3책(67)
05 四瀆　4책(222)
05 四方　4책(64)
05 四方極遠之國　4책(77)
05 四方而高　3책(76)
05 四方雄之名　5책(367)
05 四方昏荒之國　4책(78)
05 四時　3책(251)
05 四時之別號　3책(254)
05 四時和　3책(254)
05 四月　3책(274)
05 四人體敵　2책(436)
05 四癩皆白　5책(402)
05 四足而毛　5책(386)
05 四蹄皆白　5책(491)
05 四寸有節　4책(429)
05 四海　4책(80)
05 四荒　4책(77)
05 囚　2책(196)
06 因　1책(347)
06 因其文章　3책(376)
06 因緣　1책(347)

06 因以薄圍捕取之　3책(96)
06 因章　3책(375)
06 回毛在膺　5책(500)
06 回旋也　4책(188)
06 回川　4책(187)
07 困　4책(414)
07 困敦　3책(265)
08 固　1책(202)
08 固志也　1책(202)
10 圃田　4책(38)
10 圃田澤　4책(38)
11 國都　4책(65)
11 國貉　5책(180)
11 圉　1책(290), 2책(66), 3책(273)
12 圍三寸　3책(208)
13 圓而白華　4책(325)
13 圓而厚　5책(232)
14 圖　1책(135), 2책(102)
16 圜弁上　3책(146)

土

03 土　2책(142)
03 土櫃　5책(19)
03 土瓜也　4책(298)
03 土塊也　2책(245)
03 土菌　4책(338, 421)
03 土戴石　4책(167)
03 土鹵　4책(416)
03 土蠭　5책(173)
03 土山上有石者　4책(167)
03 土鴨　5책(235)
03 土蛹　5책(180)
03 土爰稼穡　1책(150)
03 土釜　5책(148)
03 土竈蟲　5책(171)

03 土蠮　5책(149)

03 土解　2책(331)

03 土梟　5책(322)

06 圯　1책(168), 2책(40)

06 在　1책(353, 355, 373), 2책(305)

06 在幹　5책(500)

06 在庚　3책(264, 273)

06 在癸　3책(273)

06 在己　3책(264, 273)

06 在堂隅　3책(25)

06 在卯　3책(265)

06 在戊　3책(264, 273)

06 在未　3책(265)

06 在背　5책(501)

06 在丙　3책(264, 273)

06 在糞土中　5책(175)

06 在巳　3책(265)

06 在上而臨下而已　3책(245)

06 在璿璣玉衡　1책(355)

06 在樹木上　5책(466)

06 在樹上作房　5책(174)

06 在水者　5책(235, 250)

06 在戌　3책(265)

06 在辛　3책(264, 273)

06 在申　3책(265)

06 在魚頭骨中　5책(268)

06 在午　3책(265)

06 在外垂　1책(291)

06 在酉　3책(265)

06 在乙　3책(264, 273)

06 在壬　3책(264, 273)

06 在子　3책(265)

06 在牆者　3책(30)

06 在丁　3책(264, 273)

06 在肘後　5책(500)

06 在中最明　3책(307)

06 在地者　3책(31)

06 在地中布網者　5책(171)

06 在池澤中　4책(99)

06 在辰　3책(265)

06 在靑白之間　2책(163)

06 在丑　3책(265)

06 在亥　3책(265)

06 地　3책(26)

06 地高堆者爲敦　4책(88)

06 地極化　2책(346)

06 地氣發天不應　3책(288)

06 地氣使之然也　4책(85)

06 地髓　4책(437)

06 地蕈　4책(421)

06 地自然生　4책(97)

06 地中行者　5책(461)

06 地黃　4책(437)

07 坎　2책(105), 3책(111)

07 坎坎　2책(311)

07 均　1책(278), 2책(111, 130)

07 坐　1책(366)

08 坰　4책(65)

08 坏　4책(137)

08 垂　1책(290), 4책(399)

08 垂其腴　5책(194)

08 垂水　4책(426)

08 坫　3책(24)

09 塊　1책(168), 3책(24)

10 垺丘　4책(97)

10 埋藏之　3책(334)

10 城門臺　2책(195)

10 城池空者爲壑　2책(260)

10 城池無水者　1책(220)

10 埏　3책(144)

11 堅　1책(202)

11 堅中　4책(429)

11 菫葵　4책(388)
11 菫草　4책(395)
11 基　1책(98, 135), 2책(85, 86)
11 基業所以自經營　2책(86)
11 堂途　3책(62)
11 堂樓閣邊小屋　3책(46)
11 堂上　3책(71)
11 堂牆　4책(123)
11 堂下　3책(71)
11 堂下至門徑也　3책(63)
11 埤　1책(254)
11 埤益　1책(254)
11 埽室聚交　3책(17)
11 壄　3책(26)
11 域　2책(88)
11 執　1책(310)
11 執圭璋助祭　2책(339)
11 執徐　3책(265)
11 執夷　5책(420)
11 執袵　3책(117)
12 堪　1책(179, 181)
12 堛　2책(245)
12 報　1책(282)
12 場　3책(63)
13 塊　2책(245)
13 塞　2책(67), 3책(273)
13 塞孔穴　2책(67)
13 堺　3책(35)
13 塋界　2책(88)
13 塡棗　5책(64)
13 塡　3책(210)
14 塾　3책(54)
14 埔　3책(25)
14 塵　1책(299), 2책(175)
14 塵垢　1책(299)
15 塡　1책(108), 4책(43, 126)

15 增　2책(82)
15 增崇　1책(210)
15 增增　2책(296)
15 增譖惡也　2책(361)
15 墜　1책(162, 336)
16 墾辟　2책(328)
16 甕障　2책(254)
17 墾　1책(219), 2책(260)
19 壞　1책(168)
19 墻土　4책(98)

士

03 士　1책(355)
03 士中之俊　2책(95)
03 士特舟　4책(216)
04 壬　1책(108, 344)
04 壬午猶繹　3책(347)
04 壬猶任也　1책(344)
07 壯　1책(108), 2책(34), 3책(274)
07 壯勇之貌　2책(291)
12 壻　2책(449)
12 壻之黨　2책(450)
12 壻之父　2책(449)
12 壹發五犯　5책(403)
12 壺棗　5책(61)
13 壺　3책(62)
14 壽　1책(143)
14 壽考之通稱　1책(143)
14 壽星　3책(301)
14 壽春縣　4책(116)
15 壿壿　2책(311)

夊

10 夏　1책(108), 3책(244, 252, 347)

10 夏獵　3책(351)

10 夏羊　5책(534)

10 夏陽縣　4책(177)

10 夏屋山　4책(59)

10 夏日歲　3책(268)

10 夏月暴雨爲涷雨　3책(297)

10 夏有水　4책(164)

10 夏有水冬無水　4책(181)

10 夏祭　3책(330)

10 夏扈　5책(328)

10 夏后氏駱馬黑鬣　5책(512)

夕

03 夕陽　4책(169)

05 外姑　2책(435)

05 外舅　2책(435)

05 外孫　2책(438)

05 外禦其侮　2책(158)

05 外王母　2책(434)

05 外王父　2책(434)

05 外曾王母　2책(434)

05 外曾王父　2책(434)

06 多　1책(221, 223)

06 多礓礫　4책(160)

06 多大　2책(305)

06 多大石　4책(161)

06 多貌　1책(223)

06 多盤石　4책(161)

06 多小石　4책(160)

06 多識於鳥獸草木之名　1책(80)

06 多草木　4책(162)

06 多華少葉　4책(327)

06 夙　1책(245)

06 夙夜匪懈　2책(222)

06 夙夜惟寅　1책(244)

08 夜　2책(226)

08 夜獵載鑪照也　3책(356)

08 夜飛　5책(185)

14 夢夢　2책(314)

大

03 大　1책(108), 2책(304)

03 大磬　3책(203)

03 大莖小葉　4책(409)

03 大鼓　3책(201)

03 大苦　4책(458)

03 大苦山　5책(239)

03 大管　3책(217)

03 大菊　4책(385)

03 大麕　5책(428)

03 大戟　4책(443)

03 大根　4책(286)

03 大琴　3책(199)

03 大蠹　3책(226)

03 大鮦　5책(210)

03 大梁　3책(318)

03 大路　3책(71)

03 大陸　4책(29, 69)

03 大陵　4책(69)

03 大木　5책(47, 80)

03 大木細葉　5책(34)

03 大蒙　4책(83)

03 大蒙之人信　4책(85)

03 大廟梁材用此木　5책(104)

03 大防　4책(126)

03 大腹　5책(441)

03 大鱸　5책(173)

03 大阜　4책(69)

03 大夫方舟　4책(215)

03 大社　3책(358)

03 大姒嗣徽音　1책(125)

03 大山宮小山　4책(157)

03 大山在外　4책(158)

03 大傷厥考心　2책(419)

03 大笙　3책(206)

03 大簫　3책(215)

03 大小異名　3책(53), 4책(422)

03 大水溢出　4책(196)

03 大瑟　3책(197)

03 大豕爲�20　5책(549)

03 大室山　4책(172)

03 大眼最有毒　5책(261)

03 大野　4책(28, 69)

03 大篽　3책(219)

03 大羊　5책(426)

03 大羊爲羬　5책(549)

03 大魚　5책(202)

03 大如拇指　4책(312)

03 大如鵝子　3책(210)

03 大如鸚雀　5책(288)

03 大如虎豆　5책(134)

03 大淵獻　3책(265)

03 大葉　4책(299, 332)

03 大葉冬藍　4책(436)

03 大葉長穗　4책(459)

03 大爲駏　2책(127)

03 大螳　5책(167)

03 大而散　5책(77)

03 大而險　5책(254)

03 大者　3책(31), 5책(251)

03 大者受一斛　3책(111)

03 大者十九簹　3책(206)

03 大者如箭竿有節　4책(300)

03 大者長二三丈　5책(202)

03 大者長丈許　5책(444)

03 大者長八九尺　5책(267)

03 大者蜀　5책(544)

03 大祭　3책(344)

03 大薺　4책(262)

03 大棗　5책(63)

03 大鍾　3책(212)

03 大衆　3책(358)

03 大簁　3책(208)

03 大指處　2책(387)

03 大辰　3책(306)

03 大椒　5책(48)

03 大出尾下　4책(192)

03 大蟲如指似蠶　5책(187)

03 大澤　4책(28, 40)

03 大波爲瀾　4책(201)

03 大版　3책(108)

03 大貝　5책(251)

03 大平　4책(83)

03 大平之人仁　4책(85)

03 大麃　5책(427)

03 大鰕　5책(212)

03 大鹹　2책(55)

03 大湖　4책(35)

03 大火　3책(306)

03 大鱧　5책(211)

03 大荒落　3책(265)

03 大塤　3책(210)

04 夫須　4책(323)

04 夫王　4책(433)

04 夫之女弟　2책(449)

04 夫之庶母　2책(448)

04 夫之姊　2책(449)

04 夫之弟　2책(449)

04 夫之兄　2책(448)

04 夫栘　5책(93)

04 天　1책(105)

04 天雞　5책(161, 297)

04 天狗　5책(287)

04 天根　3책(303)

04 天氣下地不應　3책(288)

04 天螻　5책(120)

04 天鷄　5책(288)

04 天命不謟　1책(287)

04 天駟　3책(306)

04 天蕭　4책(334)

04 天鶴　5책(288)

04 天王登遐　1책(301)

04 天畏棐忱　1책(289)

04 天牛　5책(130)

04 天子葵之　2책(138)

04 天子造舟　4책(214)

04 天子之駿　5책(488)

04 天作淫雨　3책(298)

04 天井　4책(181)

04 天柱山　4책(171)

04 天之方懠　2책(136)

04 天之中　3책(323)

04 天下有名丘五　4책(116)

04 天漢之津梁　3책(308)

04 天形穹隆　3책(243)

04 太白星也　3책(325)

04 太史　4책(235)

04 太歲在甲　3책(264)

04 太歲在寅　3책(265)

04 太原　4책(37, 115)

06 夸毗　2책(404)

06 夸奢　1책(179)

06 夷　1책(278), 2책(166), 5책(53)

06 夷上洒下　4책(119)

06 夷由　5책(352)

07 夾門堂也　3책(54)

07 夾山有岸　4책(156)

07 夾室前堂　3책(75)

08 奄　2책(18)

08 奄有龜蒙　2책(215)

09 契　1책(323)

09 契契　2책(347)

09 奎　3책(316)

09 奎爲溝瀆　3책(317)

09 奔　2책(210), 3책(71)

09 奔星　3책(329)

09 奏者猵　5책(401)

09 奕　1책(108)

10 奘　2책(126)

10 奚相　5책(131)

12 奢　1책(179)

12 奢侈　2책(124)

13 奧　3책(15)

14 奪取　1책(352)

16 奮　5책(365, 537, 546)

16 奮迅　2책(218)

16 奮迅其頭　5책(454)

女

03 女公　2책(449)

03 女蘿　4책(392), 4책(438)

03 女妹　2책(449)

03 女木也　4책(345)

03 女桑　5책(91)

03 女子同出　2책(438)

03 女子謂晜弟之子　2책(438)

03 女子謂姊妹之夫　2책(437)

03 女子謂兄之妻　2책(439)

03 女子子之夫　2책(449)

03 女子子之子　2책(438)

03 女出爲嫁　1책(122)

06 妃　1책(153, 155, 157)

06 如　1책(122, 135), 3책(274)

06 如槐　5책(108)
06 如今之幢　3책(371)
06 如亂髮　4책(455)
06 如陵　4책(114)
06 如馬　5책(483)
06 如馬而小　5책(482)
06 如馬一角　5책(433)
06 如毛中之氂　2책(95)
06 如木楸　5책(106)
06 如畝　4책(113)
06 如防　4책(153)
06 如覆敦者　4책(104)
06 如喪考妣　2책(419)
06 如松柏　5책(107)
06 如棄者　4책(92)
06 如羊　5책(435)
06 如熊　5책(424)
06 如人家所種者　4책(246)
06 如鵲　5책(373)
06 如階　4책(93)
06 如切如磋　2책(380)
06 如竹箭　5책(107)
06 如車輪許　4책(192)
06 如雉而黑　5책(364)
06 如琢如磨　2책(380)
06 如彼雨雪　3책(295)
06 好　2책(104)
06 好顧眄　5책(450)
06 好盜脂膏　5책(303)
06 好登山峰　5책(457)
06 好放肆　2책(113)
06 好倍肉　3책(175)
06 好剖葦皮　5책(306)
06 好奮迅作聲　5책(194)
06 好生道旁　4책(302)
06 好生道邊　4책(459)

06 好食棘　5책(441)
06 好食蛇　5책(271)
06 好搖翅　5책(195)
06 好人安詳之容　2책(303)
06 好叢生山中　5책(80)
07 姚　2책(418)
07 妟　1책(268, 366)
07 妟而后傳命　1책(366)
07 姹　2책(263)
08 姑　2책(422, 448)
08 姑舅在　2책(448)
08 姑楡　5책(53)
08 姑之子　2책(436)
08 妹　2책(422)
08 姒　2책(438)
08 姒婦　2책(440)
08 始　1책(98)
08 始厲樂矣　1책(293)
08 姎　1책(189)
08 委黍　5책(177)
08 委葉　4책(410)
08 委委　2책(298)
08 委蕤　4책(300)
08 姉　2책(422)
08 姉妹之夫　2책(436)
08 妻黨　2책(440)
08 妻之昆弟　2책(436)
08 妻之母　2책(435)
08 妻之父　2책(435)
08 妻之姉妹同出　2책(436)
08 妾魚　5책(222)
08 妯　1책(319)
08 妯娌　2책(440)
09 姚莖　4책(436)
09 威　2책(262, 291)
09 威儀可法則　2책(262)

09 威儀審諦　2책(366)
09 威儀也　2책(380)
09 威儀容止也　2책(392)
09 威夷　4책(40), 5책(451)
09 姨　2책(436)
09 姻　2책(449)
09 姻兄弟　2책(450)
09 姪　2책(438)
09 姪其從姑　2책(438)
09 姪之子　2책(438)
09 姑　2책(255)
10 娠　1책(319)
10 娣　2책(438)
10 娣婦　2책(440)
10 娣婦謂長婦　2책(440)
10 娣者何　2책(439)
11 姻澤鳥　5책(333)
11 婁　3책(316)
11 婦　2책(439, 449, 451)
11 婦人盛飾貌　2책(302)
11 婦人之褘　3책(119)
11 婦之黨　2책(450)
11 婦之父　2책(449)
11 婦之父母　2책(449)
11 婦稱夫之父　2책(448)
11 娸觜之口　3책(315)
11 婆娑　2책(406)
11 婚　2책(449)
11 婚姻　2책(449, 451)
11 婚姻爲兄弟　2책(450)
11 婚兄弟　2책(450)
12 媞　1책(129)
12 媛　2책(390)
12 媞　4책(350)
12 媞者其實　4책(351)
12 媞媞　2책(302)

13 嫁　1책(122)
13 媲　1책(157)
13 嫂　2책(439)
13 媵　2책(51)
13 嫌於無陽　3책(275)
13 嫌人不了　4책(114)
14 嫠婦之笰　3책(94)
14 嫡婦　2책(449)
15 嫛羿　5책(373)
16 嬎　5책(398)
17 嬪　2책(451)
17 嬪于虞　2책(419, 451)

子

03 子大如盂　5책(18)
03 子冬熟　5책(57)
03 子味苦　5책(64)
03 子似栗　5책(47)
03 子細腰　5책(61)
03 子如耳璫也　4책(330)
03 子有三角　4책(342)
03 子子孫孫　2책(342)
03 子赤　5책(60)
03 子中有核人　5책(112)
03 子之子　2책(423)
03 子之妻　2책(449)
03 子叢在莖頭　4책(409)
03 子丞　5책(228)
04 孔　1책(265), 2책(194), 3책(175)
04 孔大而於邊小也　3책(176)
06 存　1책(353, 355)
06 存存　2책(305)
07 孚　1책(146)
07 孛　3책(326)
07 孛孛　3책(326)

07 孝　　1책(349)

07 孝道　　1책(349)

07 孝廉郎終軍知之　　5책(465)

08 孟　　1책(184, 327), 4책(264)

08 孟諸　　4책(32)

10 孫　　2책(423)

10 孫猶後也　　2책(424)

10 孫之子　　2책(424)

11 埶　　1책(204)

16 學覽者之潭奧　　1책(73)

16 學有緝熙于光明　　1책(201)

17 孺　　2책(178)

20 孼孼　　2책(301)

宀

05 宁　　3책(48)

06 守瓜　　5책(135)

06 守宮　　5책(258)

06 守宮槐　　5책(75)

06 守氣　　4책(412)

06 守圉　　1책(291)

06 守田　　4책(412)

06 安　　1책(268, 277, 366, 368), 2책(302)

06 安寧　　3책(254)

06 安徐　　2책(304)

06 安靜　　1책(276)

06 宇　　1책(108)

06 宇宙　　1책(109)

06 宅　　2책(198)

06 宅是鎬京　　2책(199)

07 宏　　1책(108)

07 宋　　1책(146, 176), 4책(32)

07 宋有泰丘社亡　　4책(112)

08 官　　1책(173), 2책(71)

08 官府馬　　5책(500)

08 官長　　1책(327)

08 官正　　2책(203)

08 官地爲宗　　1책(173)

08 宛丘　　4책(109, 114, 115)

08 宛丘中央隆峻　　4책(110)

08 宛童　　5책(52)

08 宛謂中央隆高　　4책(109)

08 宛轉　　3책(169)

08 宛中　　4책(109, 147)

08 宜　　1책(174), 2책(166), 3책(358)

08 宜其濁黃　　4책(228)

08 宜乘　　5책(500)

08 宜止息　　1책(315)

08 宜乎社　　3책(359)

08 定　　1책(268, 364, 368), 3책(90, 314)

08 定丘　　4책(111)

08 定陶　　4책(89)

08 宗廟齊亳　　5책(518)

08 宗族　　2책(428, 449)

09 宣　　2책(15, 223), 3책(174)

09 室謂之宮　　3책(11)

09 室有東西廂　　3책(75)

09 室中　　3책(71)

09 室中隱奧之處　　3책(15)

09 交　　3책(16)

09 宦　　3책(16)

09 宨　　2책(113), 2책(182)

10 家　　3책(12)

10 宮　　3책(194)

10 宮門雙闕　　3책(52)

10 宮謂圍繞之　　4책(157)

10 宮謂之室　　3책(11)

10 宮中之門　　3책(52)

10 宮中徛　　3책(62)

10 宵　　2책(226)

10 宵田　　3책(355)

小

03 小　2책(264, 322)
03 小龜也　5책(271)
03 小國困竭　2책(348)
03 小閨　3책(53)
03 小跜　2책(250)
03 小檰　5책(33)
03 小頭庳脚　5책(409)
03 小驢　5책(414)
03 小鸞爲鶂　5책(210)
03 小領　5책(488)
03 小罍　3책(111)
03 小馬　5책(505)
03 小麥　4책(456)
03 小貌　2책(264)
03 小木　5책(42)
03 小蚌　3책(170), 5책(244)
03 小貓猪　5책(400)
03 小山废大山　4책(144)
03 小山別大山　4책(158)
03 小山在中　4책(158)
03 小山叢羅　4책(143)
03 小葉　4책(423), 5책(76)
03 小罳　3책(86)
03 小魚　5책(216)
03 小如胎　4책(307)
03 小雨　3책(297)
03 小戎俴收　2책(170)
03 小而多群　5책(312)
03 小而不橢　5책(441)
03 小而皾　5책(77)
03 小而衆　4책(143)
03 小而橢　5책(254)
03 小而好啼　5책(457)
03 小人得志憍蹇之貌　2책(313)

03 小者　3책(201, 206), 4책(422), 5책(167, 251)
03 小者如雞子　3책(210)
03 小者尺二寸　3책(208)
03 小牆當門中　3책(49)
03 小陼曰沚　4책(225)
03 小鶺鴒也　5책(463)
03 小隄　4책(98)
03 小鳥也　5책(287)
03 小洲曰陼　4책(225)
03 小鼉長脚者　5책(178)
03 小枝上繚　5책(116)
03 小沚曰坻　4책(225)
03 小草　4책(273, 327, 451)
03 小虫　5책(161)
03 小蟲　5책(188)
03 小波爲淪　4책(202)
03 小黑蠹蟲　5책(137)
03 小黑鳥　5책(283)
03 小黑蟲　5책(166)
04 少　1책(281)
04 少雞爲鷄　5책(383)
04 少姑　2책(448)
04 少室山　4책(174)
04 少肉多膏　5책(214)
08 尙　1책(199), 2책(26)
08 尙强　5책(518)
08 尙不愧於屋漏　3책(16)
08 尙純　5책(518)
08 尙威武也　3책(361)
08 尙疾　5책(519)

尢

07 尩　5책(541)
12 就　1책(274, 373)

尸

03 尸　1책(170~172)
03 尸諉　2책(14)
03 尸寵祿也　2책(356)
04 尹　2책(202)
05 尼　1책(268, 364)
05 尼居息也　2책(349)
05 尼也　1책(364)
05 尼者近也　1책(364)
05 尼者止也　1책(365)
07 局　2책(135)
07 尾　3책(306)
07 尾末有岐　5책(455)
07 尾毛白　5책(495)
07 尾白　5책(495)
07 尾本白　5책(494)
07 尾三尺許　5책(352)
07 尾上白　5책(348)
07 尾如鮒魚　5책(214)
07 尾有毛　5책(464)
07 尾猶底也　4책(192)
07 尾長數尺　5책(455)
07 尾株白　5책(494)
08 居　2책(198)
08 居居　2책(320)
08 居陸　5책(250)
08 居馱　5책(502)
08 居處　2책(199)
08 居河之湄　4책(206)
08 屈　1책(118)
08 屈　2책(214)
08 屈　1책(214)
08 屈己卑身以柔順人也　2책(405)
08 屈此群醜　1책(214)
09 屋大梁也　3책(37)

09 屋棝　3책(41)
09 屋漏　3책(16)
09 屋上薄　3책(47)
09 屋橡　3책(39)
09 屋檐　3책(39)
09 屋笮　3책(47)
10 展　1책(146, 148), 2책(197)
11 屛　3책(49)
12 屠維　3책(264)
14 屢　1책(216), 2책(45)
15 履　1책(240)履　2책(78, 79), 4책(294)
15 履屬　4책(445)
15 履帝武敏　2책(386)
21 屬　2책(178)
21 屬負玆　3책(185)
21 屬者　4책(145)

山

03 山榎　5책(10)
03 山蓟　4책(251)
03 山韭　4책(246)
03 山龜　5책(272)
03 山蕲　4책(248, 297)
03 山大而高　4책(139)
03 山都　5책(444)
03 山桃　5책(58)
03 山讀無所通　4책(165)
03 山東　4책(170)
03 山曩　5책(44)
03 山樆　5책(89)
03 山麻　4책(427)
03 山莓　4책(387)
03 山峰頭巉巖　4책(150)
03 山蒜　4책(246)
03 山桑　5책(99)

03 山上有水　4책(163)

03 山上平　4책(147)

03 山西　4책(169)

03 山小而高　4책(140)

03 山如堂者　4책(152)

03 山烏　5책(345)

03 山有木　3책(161)

03 山有穴　4책(168)

03 山陰縣　4책(46)

03 山鵲　5책(298)

03 山長眷　4책(148)

03 山樗　5책(11)

03 山巓　4책(150)

03 山絶　4책(159)

03 山頂　4책(150, 170)

03 山中多有此菜　4책(246)

03 山中央高　4책(147)

03 山脊　4책(148)

03 山蔥　4책(246)

03 山冢崒崩　4책(151)

03 山楸　5책(10)

03 山雉　5책(364)

03 山隋　4책(154)

03 山龞　4책(246)

03 山夾水　4책(167)

03 山形似甂　5책(485)

03 山形如累兩甀　4책(155)

03 山形長狹　4책(154)

07 发謂高過　4책(144)

07 岐尾　5책(339)

07 岑　4책(140)

07 岑崟　4책(140)

08 岡　4책(148)

08 岠去也　4책(83)

08 岠齊州以南　2책(11)

08 岠齊州以南戴日　4책(83)

08 岱　1책(146), 4책(22)

08 岱東　4책(25)

08 岱岳　4책(54)

08 岱宗　4책(132)

08 岷山　5책(523)

08 岷山導江　4책(196)

08 岫　4책(168)

08 岸　4책(118, 124)

08 岸上　4책(125)

08 岩穴　4책(169)

08 帖　4책(162)

09 峙　1책(317)

09 峐　4책(162)

09 峘　4책(144)

10 峨峨　2책(339)

11 崏崙丘　4책(91)

11 崑崙虛　4책(51)

11 崩　1책(374)

11 崇　1책(177, 178, 210)

11 崧　4책(139)

11 崇期　3책(67)

11 崇讒慝也　2책(361)

11 崒者　4책(150)

11 崔嵬　4책(151, 166)

13 嵩　1책(177)

13 嵩高　4책(172)

15 嶠　4책(141)

15 墮山喬嶽　4책(154)

15 巂周　5책(316)

16 嶧　4책(145)

20 巋　4책(143)

22 巒　4책(154)

《《《

03 川穿也　4책(186)

06 州竅　5책(494)
06 州黎丘　4책(116)
06 州黎宛營爲河南　4책(116)
06 州木　5책(110)
11 巢　3책(206)

工

03 工則劇之　3책(161)
05 巨鵬　5책(550)
05 巧婦　5책(307)
05 左　1책(198, 199)
05 左高　4책(107)
05 左白　5책(492)
05 左食　5책(247)
05 左掩右　5책(383)
05 左倪　5책(247)
05 左右流之　2책(57)
05 左右有岸　4책(156)
05 左執鞭弭　3책(170)
05 左澤　4책(111)
10 差　1책(224), 2책(47)
10 差擇也　5책(518)

己

03 已　1책(295, 372)
03 已復於事而遂　2책(210)
04 巴丘湖　4책(33)
09 巷閭間道　3책(62)

巾

05 市　2책(36)
05 布穀　5책(281)
05 布帛　4책(462)

05 布似布　4책(461)
05 布散祭于地　3책(338)
05 布翅翱翔　5책(376)
05 布輿　2책(267)
05 布地　4책(368)
05 布地蔓生　4책(342)
05 布地生　4책(311)
07 希　1책(280)
08 帛絳也　3책(365)
08 帛似帛　4책(461)
08 帛續旄末　3책(370)
08 帛全幅長八尺　3책(369)
09 帝　1책(105)
09 帝館甥于二室　2책(436)
09 帝困山　4책(182)
10 師　1책(221), 2책(144), 5책(401, 540)
10 師叔　1책(178)
10 師子也　5책(432)
10 師祭　3책(340)
10 師出征伐　3책(340)
10 師還　2책(15)
10 席　1책(108)
11 常　1책(138)
11 常禮　2책(195)
11 常法　1책(138)
11 常思詠　2책(381)
11 常山　4책(172)
11 常棄　4책(440)
11 常羊　5책(147)
11 常語　1책(125)
11 常亦不伏　2책(402)
11 常在蓍叢下潛伏　5책(272)
11 常蹲樹食蟲　5책(358)
11 常棣　5책(94)
14 幕　2책(179)
14 幕也　3책(98)

14 驀然暮夜　2책(179)
15 憮　1책(108, 117), 2책(29)
17 幬謂之帳　2책(411)

干

03 干　2책(56, 241)
03 干木　5책(98)
05 平　1책(274, 278), 4책(69)
05 平陽　4책(50)
05 平者成也　1책(274)
05 平底　3책(210)
06 年　3책(269)
06 年穀不登　1책(274)
08 幸　2책(124)
13 幹蟄　5책(500)

幺

03 幺　5책(400)
03 幺豚　5책(401)
04 幻惑欺誑人者　2책(412)
05 幼　2책(31, 110), 5책(400)
05 幼賤在前　3책(362)
05 幼稚者　2책(110)
09 幽　1책(267), 2책(115, 201)
09 幽都　4책(52)
09 幽朔　2책(369)
09 幽州　4책(23)
12 幾　1책(248, 365)

广

07 庉　3책(283)
07 庉庉　3책(283)
07 庇　2책(77)

07 床版　3책(188)
07 序　3책(14)
08 底　1책(268)
09 度　1책(135), 2책(62, 138)
09 度于閔天　1책(135)
09 麻　2책(77)
10 賬縣　3책(336)
10 庭　1책(275)
11 康　1책(129, 276, 277), 2책(120), 3책(65, 144)
11 康莊之衢　3책(65)
11 康瓠　3책(88)
11 庫脚　5책(441)
11 庫小　5책(22, 522)
11 庶　1책(221), 2책(124)
11 庶姜孽孽　2책(302)
11 庶幾　2책(26)
11 庶幾僥倖　2책(125)
11 庶母　2책(427)
11 庶婦　2책(449)
11 庶人乘泭　4책(216)
11 庶者衆多　2책(124)
11 庶績咸熙　1책(312)
11 庸　1책(138, 233)
11 庸庸　2책(307)
12 庚草　4책(331)
14 廓落　1책(109)
14 廥　2책(77)
14 廓　1책(108)
15 廣武縣　4책(59)
15 廣一尺八寸　3책(197)
15 廣州　5책(522)
15 廣平　4책(69)
15 廣河澤　4책(30)
15 廟　3책(75)
15 廟中路　3책(62)

15 廢　1책(108, 268, 313), 2책(91)
15 廢爲殘賊　1책(109)
15 厥　1책(311)
16 廩　2책(235)
20 廯　2책(235)
21 廱廱　2책(285)

廴

07 延　1책(170, 176, 195, 265), 2책(57)
09 廻風　3책(283)

廾

07 弄　2책(202)
09 弇　2책(214, 215)
09 弇日　3책(293)
09 弈弈　2책(326)

弋

06 式　2책(63)
06 式微式微者　2책(394)

弓

03 弓　3책(169)
03 弓有緣者　3책(169)
04 引　1책(170, 176)
04 引無極也　2책(342)
04 弔　1책(118)
05 弗　1책(332)
05 弘　1책(108)
06 弛　1책(279)
07 弟　1책(278), 2책(422)

07 弟之妻　2책(439)
08 弩弦　4책(63)
09 弨　3책(169)
11 張兩翅　5책(478)
11 張仲孝友　2책(388)
12 强　1책(186, 236), 5책(163)
12 强大多力　5책(224)
12 强蚌　5책(137)
12 强圉　3책(264)
12 强醜捋　5책(163, 194)
12 弼　1책(210, 289)
12 弼輔　1책(210)
13 彀　1책(124)
16 彊　1책(292), 2책(65, 112)
16 彊梁淩暴　2책(112)
17 彌　2책(276)
17 彌離　1책(285)

彐

11 彗星　3책(326)
12 彘　5책(400)
12 彘罟　3책(97)
12 彘盧　4책(282)
12 彘五尺　5책(549)
13 彙　5책(443)
18 彝　1책(138), 3책(110)
18 彝其惣名　3책(110)

彡

07 彤白雜毛　5책(511)
07 彤赤也　5책(511)
07 形　2책(133)
07 形大如鼠　5책(464)
07 形四方　4책(95)

07 形似水牛　5책(441)

07 形似篆書丁字　5책(268)

07 形如今牀頭小曲屛風　3책(44)

07 形如堂室　4책(152)

07 形如秤錘　3책(210)

09 彥　2책(391)

11 彫蓬　4책(260)

11 彫胡米　4책(412)

11 彩雞　5책(297)

12 彭蝟　5책(243)

14 彰　2책(68)

彳

06 彴約　3책(329)

08 往　1책(122)

08 往往而有　4책(236)

08 征　2책(39)

08 徂　1책(122, 353)

08 徂落　1책(374)

09 待　1책(247)

09 律　1책(138, 140), 2책(23, 105), 3책(106)

09 徇　2책(15)

09 律管可以分氣　3책(106)

09 後　2책(275)

09 後高　4책(107)

09 後似狗　5책(267)

09 後生　2책(422)

09 後弇諸獵　5책(246)

09 後右足白　5책(492)

09 後足皆白　5책(491)

10 徑侹　4책(202)

10 徒歌　3책(221)

10 徒杠成　3책(73)

10 徒擊鼓　3책(221)

10 徒鼓磬　3책(221)

10 徒鼓瑟　3책(220)

10 徒鼓鍾　3책(221)

10 徒搏也　2책(399)

10 徒涉也　2책(400)

10 徒御不驚　2책(396)

10 徒吹　3책(221)

10 徒駭　4책(234)

10 徐　2책(304)

10 徐聞　5책(522)

10 徐州　4책(21)

11 徛　3책(73)

11 得慶氏之木百車於莊　3책(66)

11 得獸取之無所擇　3책(352)

11 得自申展　2책(197)

11 徙　1책(309)

11 御正　1책(348)

11 從　1책(133, 210, 346)

11 從舅　2책(434)

11 從母　2책(434)

11 從母舅弟　2책(434)

11 從母姊妹　2책(434)

11 從母之男子　2책(434)

11 從旁出也　4책(185)

11 從父舅弟　2책(423)

11 從父而別　2책(423)

11 從山　5책(239)

11 從上溜下　4책(184)

11 從釋地已下至九河　4책(243)

11 從水生　4책(426)

11 從祖姑　2책(426)

11 從祖母　2책(427)

11 從祖父　2책(422)

11 從祖王母　2책(426)

11 從祖而別　2책(421)

11 從祖祖母　2책(421)

11 從祖祖父　2책(421)

12 復　　2책(14, 265)
12 復分半也　　3책(190)
12 復有旁通　　3책(67)
12 復有一歧出者　　3책(66)
12 復胙　　3책(347)
12 復常儀也　　3책(362)
12 復爲　　2책(265)
12 循　　1책(133)
12 循行　　1책(134)
12 徧　　2책(15)
13 微　　1책(267)
13 微乎微者也　　2책(394)
13 徯　　1책(247)
13 徯我后　　1책(247)
15 德輶如毛　　2책(170)
15 德音清泠　　2책(366)
15 徵　　1책(219), 2책(92), 3책(194)
15 徵祥　　2책(87)
15 徹　　2책(91)
15 徹亦道也　　2책(372)
17 徽　　1책(124, 268)

4획

心

04 心　　2책(147), 3책(306), 5책(96)
04 心焉惕惕　　2책(300)
05 忉忉　　2책(326)
05 必先有事乎社　　3책(358)
05 必先祭其先　　3책(342)
07 忘　　2책(146)
07 忘也　　2책(373)
07 忨　　2책(227)
07 志　　3책(169)
07 恈恈　　2책(299)

07 忡忡　　2책(326)
07 忒　　2책(47)
08 怪鳥　　5책(321)
08 怪鴟　　5책(321)
08 念　　1책(239), 2책(213)
08 怡　　1책(129)
08 忝　　2책(244)
08 怗　　2책(22)
08 忽　　1책(211)
08 忥　　1책(160)
09 恪　　1책(244)
09 急　　2책(35)
09 急狹　　2책(35)
09 怒　　2책(136)
09 思　　1책(238, 239), 2책(294)
09 思所生也　　2책(351)
09 恂慄也　　2책(380)
09 恃　　2책(22)
09 怨　　2책(151)
09 恀　　2책(22)
09 怠　　2책(222)
09 恫　　2책(216)
09 恨　　2책(219)
09 恨士失也　　2책(354)
09 恒　　1책(138)
09 恒山　　4책(132, 172)
09 恒戰竦　　2책(381)
09 恤　　1책(232)
10 慽　　2책(35)
10 恐　　1책(225)
10 恭　　1책(244), 2책(284)
10 恭敬　　2책(284)
10 恐動趨步　　2책(287)
10 悍　　1책(232)
10 息　　1책(315)
10 息慎　　4책(40)

10 恙   1책(232)
10 悅   1책(129, 132), 2책(166)
10 悅尼而來遠   1책(364)
10 悄悄   2책(324)
10 悔爽忒也   2책(354)
11 悼王道穢塞   2책(353)
11 惇   1책(254)
11 悉   1책(211)
11 惟   1책(135, 239)
11 惟述鞠也   2책(364)
11 惟騩   5책(496)
11 悠   1책(166, 238)
11 悠悠   2책(294)
11 悠悠我悝   1책(232)
11 惟畀   5책(490)
11 悽悽   2책(351)
11 惕惕   2책(299)
11 惙惙   2책(326)
11 惛   2책(316)
12 愒   2책(227)
12 惇惇   2책(326)
12 怒   1책(239), 2책(139)
12 怒如調飢   1책(239)
12 怒然   2책(140)
12 慔   1책(318)
12 悶   2책(315)
12 悲苦征役   2책(351)
12 惡   2책(320)
12 愉   1책(129, 132, 233)
12 惴惴   2책(289)
12 惠   1책(318), 2책(29)
12 惠公者何?   2책(419)
12 惠然肯來   2책(29)
12 惑   2책(265)
13 感   1책(319)
13 感思   1책(238)

13 愷   1책(129)
13 愷悌   2책(70)
13 愧   2책(206)
13 愍萬物彫落   3책(244)
13 慆慆   2책(307)
13 愼   1책(148, 160, 338)
13 愼爾優游   1책(148)
13 愼爾出話   1책(258)
13 愛   1책(318), 2책(299)
13 愛忨   2책(227)
13 慍   2책(324)
13 惷惷   2책(358)
13 愈遝急也   2책(347)
13 慄   1책(225), 2책(98)
14 愽愽   2책(326)
14 慔慔   2책(306)
14 慴   1책(225)
14 慒   2책(231)
14 慘   1책(232)
14 慘慘   2책(324)
15 慶   2책(199)
15 憍   2책(313)
15 慮   1책(135, 239), 2책(231)
15 憐   1책(318)
15 憂   1책(232, 238), 2책(326)
15 憂無告也   2책(358)
15 憂思   2책(294)
15 憂思慘毒   2책(184)
15 憂心且妯   1책(319)
15 憂慼   2책(98)
15 慭   2책(206)
15 憯   2책(81)
15 慼   2책(98)
15 憢憢   2책(289)
16 憩   1책(315)
16 憒憒   2책(286)

16 懌　1책(129, 132)
16 懊　2책(227)
16 懈　2책(222)
16 憲　1책(140)
16 憲憲　2책(360)
17 懋懋　2책(306)
17 懕懕　2책(302)
17 應　1책(292), 3책(201)
17 應門　3책(51)
17 應棘縣鼓　3책(202)
17 憜　2책(136)
18 懟　2책(151)
18 懺懺　2책(315)
19 懷　1책(118, 239, 268), 2책(21)
19 懷報德也　2책(351)
19 懷山襄陵　2책(244)
19 懷羊　4책(285)
19 懷憂病　2책(325)
21 懼　1책(225), 2책(289)
21 懽懽　2책(358)
22 懿　1책(205)
23 戁　1책(225, 319)

戈

06 戍　2책(143)
06 戍守所以止寇賊　2책(143)
06 戎　1책(108), 2책(176)
06 戎葵　4책(397)
06 戎女　5책(183)
06 戎事齊力　5책(518)
06 戎叔　4책(277)
06 戎醜攸行　3책(358)
07 戒　2책(286)
07 戒愼　2책(286)
07 成　1책(274), 2책(268)

07 成猶重也　4책(88)
07 成平縣　4책(235)
07 我　1책(189)
07 我歌且謠　3책(221)
07 我車旣攻　1책(125)
07 我孔熯矣　1책(244)
07 我舅者　2책(436)
07 我受命溥將　1책(109)
07 我心則夷　2책(167)
08 或歌或咢　3책(221)
08 或賑或縣　3책(336)
08 或浮或沈　3책(336)
08 或肆或將　2책(247)
08 或寢或訛　1책(319)
08 或呼爲濁　3책(319)
11 戛　1책(138), 2책(194)
11 戚施　2책(402)
11 戚施之疾　2책(403)
13 戡　1책(214)
14 戬　1책(240)
15 戮　1책(226)
16 戰　1책(225)
16 戰慄　2책(98)
16 戰戰　2책(287)
17 戱謔　1책(149)
18 戴　2책(114, 301)
18 戴丘　4책(101)
18 戴弁服　2책(338)
18 戴星馬也　5책(495)
18 戴勝　5책(331)
18 戴鵀　5책(331)
18 戴値　4책(83)

戶

04 戶持鑠植也　3책(36)

07 阤　　3책(22)

08 戾　　1책(118, 142, 247, 268), 2책(33)

08 戾久將底　　1책(268)

08 戾竹　　4책(214)

08 房　　3책(306)

08 房四星謂之天駟　　3책(306)

08 所　　2책(197)

08 所渠幷千七百　　4책(227)

08 所受渠多　　4책(228)

08 所以結好媛　　2책(390)

08 所以鼓敔　　3책(224)

08 所以鼓柷　　3책(223)

08 所以廣異訓　　2책(268)

08 所以約勤謹戒衆　　2책(64)

08 所以止扉　　3책(55)

08 所以出醴泉　　3책(256)

08 所以致景風　　3책(255)

08 所出同所歸異爲肥　　4책(191)

08 所寢　　5책(402)

10 戾　　3책(12)

11 扂　　4책(142)

11 扂廣貌　　4책(142)

12 扉　　3책(54)

12 扉樞　　3책(21)

手

03 才器細陋　　2책(323)

06 扞　　2책(241)

07 扱衣上衽於帶　　3책(118)

07 扱衽　　3책(118)

07 扙拭　　1책(305)

07 扶桑　　4책(84)

07 扶疎茂盛　　5책(108)

07 扶搖　　3책(283)

07 扶風　　4책(31, 39)

07 抑抑　　2책(366)

07 投祭水中　　3책(336)

08 拘　　2책(196)

08 拘執　　2책(196)

08 拇迹　　2책(387)

08 拔　　1책(211), 4책(438)

08 拔心不死　　4책(477)

08 拔之可復　　4책(378)

08 拔取荣　　2책(261)

08 拊心也　　2책(407)

08 承露　　4책(409)

08 拄　　2책(228)

08 抨　　1책(345, 346)

08 抱布貿絲　　2책(36)

09 拱　　1책(310)

09 拜　　4책(255)

09 拾　　2책(125)

09 拾食　　2책(61)

09 拾掇　　2책(126)

09 拭　　1책(305)

09 按　　1책(268)

09 指　　2책(27)

09 指頭　　5책(33)

09 指頭處　　5책(447)

09 持衣上衽　　3책(118)

09 拒　　1책(305)

09 挬挬　　2책(335)

10 挈貳　　3책(290)

10 捐　　3책(126)

10 振　　2책(150, 218)

10 振古如玆　　2책(150)

10 振旅　　3책(362)

10 振旅闐闐　　3책(361)

10 振訊　　1책(305)

10 振者　　2책(218)

10 捕魚籠也　　3책(95)

10 捕虎一   5책(415)
10 挾   2책(90)
11 拼   1책(345, 346)
11 掃刷   1책(305)
11 掃彗   3책(326)
11 授政任功   1책(189)
11 掩兔之畢   3책(319)
11 接   1책(337)
11 接余   4책(295)
11 捷   1책(179, 337)
11 探   1책(352), 2책(94)
12 揭衣   4책(207)
12 掔   1책(202, 254)
12 掔然   1책(254)
12 揆   2책(138)
12 握   2책(217)
12 揚   1책(361), 2책(220)
12 揚側陋   2책(37)
12 援據徵之   1책(84)
12 提母   4책(347)
12 掣曳也   2책(367)
12 掣縮   1책(351)
12 揮   1책(303)
12 揮振去水亦爲竭   1책(303)
13 搜索取不任者   3책(351)
13 搖   1책(293)
13 搖車   4책(337)
13 搖動貌   1책(319)
13 揣   2책(228)
13 搫   1책(214)
13 搫斂也   1책(214)
14 搴   2책(260)
14 搴柜朐   4책(466)
14 搴其蕭稂   1책(84)
14 搏黍   5책(343)
14 搏者   3책(132)

14 摛翰者之華苑   1책(73)
14 摸取   1책(352)
14 摧   1책(118)
14 摽   1책(162)
15 撟   5책(477)
15 撩罟   3책(95)
15 撫   2책(42)
15 撫掩猶撫拍   2책(408)
15 撫掩之也   2책(408)
15 摯   1책(360)
16 擗   2책(407)
16 擁篲淸道   1책(84)
16 擇   1책(224)
18 擧   2책(103, 301)
18 擧石擿人   5책(454)
18 擧持物   2책(301)
18 擽之   3책(224)
21 攝提格   3책(265)
21 攝提貞於孟陬   3책(274)
23 攣   3책(114)
23 攫   4책(415, 481)

支

04 支   2책(74)

攴

06 收   1책(214)
06 收成   3책(254)
07 攻   1책(124)
07 攸   2책(197)
08 放   1책(279)
08 放火燒草獵   3책(356)
09 故   1책(251, 253)
09 故重曉之   4책(114)

09 故知四宿   2책(389)

10 敆   1책(153)

10 敉   2책(42)

11 救   3책(104)

11 救絲以爲絢   3책(105)

11 敏   2책(89, 295), 3책(194)

11 敏拇也   2책(386)

11 敵如伏虎   3책(224)

11 敎   1책(149), 2책(29)

11 敖敖   2책(321)

11 敕   1책(233)

11 敗   2책(40), 3책(133)

12 敦   1책(184)

12 敦丘   4책(87, 104)

12 敦盂也   4책(104)

12 敦牂   3책(265)

13 敬   1책(244), 2책(283)

15 敷藻   4책(476)

15 數節   4책(428)

15 數   1책(216, 329)

15 敵   1책(155, 292)

16 整   2책(204)

16 整衆   3책(361)

17 斂   1책(214)

18 黁   2책(187)

文

04 文龜   5책(271)

04 文王烝哉   1책(105)

04 文皮   4책(53)

04 文鶬   5책(297)

12 斐文貌   2책(381)

斗

04 斗   3책(308, 310)

10 料   3책(226)

10 料者聲淸而不亂   3책(226)

13 斠   3책(93)

斤

04 斤斤   2책(280)

05 斥山   4책(53)

05 斥所詠   2책(395)

08 斧   3책(181)

08 斧扆   3책(13)

09 斫斸   3책(90)

09 斫   3책(92)

09 斫木檟也   3책(26)

11 斬   1책(182)

12 斯   1책(295), 2책(12)

12 斯之   3책(137)

13 新婦   2책(439)

13 新田   4책(74)

13 新菜可湀   3책(330)

14 斲木   5책(358)

18 斷足   2책(242)

18 斷之有白汁   4책(345)

方

04 方莖   4책(271, 376)

04 方丘   4책(95)

04 方命圮族   1책(168)

04 方二尺四寸   3책(224)

08 於   1책(152, 307)

09 施簧管端   3책(206)

10 旅   3책(372)

10 旅　1책(170), 1책(221), 3책(63)

10 旄　3책(154), 5책(40, 57)

10 旄丘　4책(107)

10 旄頭　3책(318)

10 旄毛　5책(428)

10 旄牛尾也　3책(155)

10 旄牛也　5책(523)

10 旁行連延　4책(106)

10 旆　3책(375)

10 旆蒙　3책(264)

10 旆　3책(369)

11 旋流　4책(187)

11 旋毛所在之名　5책(501)

11 旋毛在腹下如乳者　5책(500)

11 旋覆　4책(399)

11 旋風也　3책(284)

11 旌　3책(371)

11 旌旂　3책(377)

11 族　5책(118)

11 族晜弟　2책(422)

11 族晜弟之子相謂　2책(422)

11 族父　2책(422)

11 族父之子相謂　2책(422)

11 族祖姑　2책(426)

11 族祖母　2책(427)

11 族祖王母　2책(426)

11 族曾王母　2책(427)

11 族曾王父　2책(427)

12 旂　3책(369)

20 旟　3책(373)

无

11 旣　2책(230)

11 旣勤垣墉　3책(25)

11 旣微且尰　2책(384)

11 旣富方穀　2책(78)

11 旣有淫威　1책(109)

11 旣庭且碩　1책(275)

11 旣差我馬　5책(518)

日

04 日及　4책(250)

04 日南皆出之　5책(448)

04 日三百餘里　5책(522)

04 日月五星之所終始　3책(310)

04 日出而風　3책(285)

04 日下　4책(77)

05 旦　1책(245)

05 旦旦　2책(354)

05 旦卽見日　4책(170)

06 旭旭　2책(313)

06 早　1책(245)

06 早朝見日　4책(170)

06 早采者爲茶　5책(95)

07 旱熱薰炙人　2책(319)

08 昆　2책(275)

08 明　1책(274), 2책(99~101, 208)

08 明同實而兩名　3책(11)

08 明明　2책(280)

08 明星　3책(325)

08 明亦代昏　1책(307)

08 旻天　3책(244)

08 昔也　2책(413)

08 易　1책(278, 279)

08 易水　4책(23)

08 易直　1책(278)

08 昌　1책(292)

08 昌丘　4책(102)

08 昄　1책(108)

08 昊天　3책(244)

08 昏　　1책(186, 307)
08 昏見西方爲太白　　3책(325)
08 昏主代明　　1책(307)
09 昴也　　3책(318)
09 星紀　　3책(310)
09 星名　　3책(329)
09 星四方似口　　3책(315)
09 昭　　1책(201, 261)
09 昭陽　　3책(264)
09 昭余祁　　4책(36)
09 是　　2책(132)
09 是襯是禰　　3책(340)
09 是不及　　2책(378)
09 是不復來　　2책(370)
09 是事可法則　　2책(132)
09 是也　　1책(371)
09 是刈是濩　　2책(385)
09 是子也　　2책(395)
09 是鯷　　5책(214)
09 春　　3책(243, 252)
09 春獵　　3책(351)
09 春獵爲蒐　　1책(214)
09 春生　　4책(465)
09 春時各有種名　　4책(467)
09 春祭　　3책(330)
09 春草　　4책(407)
09 春厲　　5책(328)
10 時　　1책(371), 3책(71), 5책(26, 457)
10 時無事　　3책(245)
10 時候主焉　　3책(307)
10 晏晏　　2책(288, 354)
10 晉　　1책(195), 4책(29, 115)
10 晉國所望祭者　　4책(177)
10 晉望　　4책(176)
10 晉陽縣　　4책(115)
10 晉衛之間曰蘗　　1책(356)

10 晉進也　　1책(195)
10 晊　　1책(108)
11 舅孫　　2책(425)
11 舅兄也　　2책(427)
11 舅後也　　2책(425)
11 晩生者　　5책(383)
11 晩取者爲茗　　5책(95)
11 晨　　2책(245)
11 晨風　　5책(347)
11 晨見東方爲啓明　　3책(325)
11 晝晶宵炕　　5책(75)
11 晙　　1책(245)
11 晧　　1책(201)
11 晦　　2책(210), 3책(288)
11 晦冥　　3책(288)
12 景　　1책(108)
12 景風　　3책(255)
12 晢　　5책(65)
12 眭眭　　1책(205)
12 智　　2책(201, 282)
12 智思深長　　2책(282)
12 智藏瘝在　　1책(227)
13 暇　　2책(225)
13 瞥　　1책(186)
13 瞥不畏死　　1책(186)
13 暈氣五彩覆日也　　3책(293)
15 暚　　1책(365), 2책(45)
15 暮　　2책(179)
15 暮乃見日　　4책(169)
15 暴　　2책(112), 3책(285)
15 暴虐　　2책(142), 2책(399)
15 暴雨　　3책(297)
15 暴風從上下　　3책(282)
15 暴風從下上　　3책(283)
16 曁　　1책(300), 2책(378)
16 曀　　3책(286)

17 曑　2책(224)

18 暴樂　1책(284)

21 曩　1책(299), 2책(224)

21 曩而言戲也　2책(224)

曰

04 曰　1책(150)

06 曲梁也　2책(415), 3책(94)

07 更望備警急　4책(62)

07 更迭　2책(234)

09 曷　1책(268), 2책(190)

12 曾　2책(81)

12 曾晳嗜羊棗　5책(63)

12 曾孫　2책(424)

12 曾孫之子　2책(424)

12 曾猶重也　2책(420)

12 曾祖王姑　2책(426)

12 曾祖王母　2책(420)

12 曾祖王父　2책(420)

12 曾祖王父之考　2책(420)

12 曾祖王父之妣　2책(420)

12 曾祖王父之姊妹　2책(426)

12 替　1책(247, 268), 2책(91, 92)

12 最健鬪　5책(366)

12 最大呂也　3책(98)

12 最大者　3책(145)

12 最後生者　5책(401)

13 會稡舊說　1책(84)

13 會　1책(153, 157), 2책(127)

13 會稽　4책(46)

13 會及暨皆與也　1책(300)

月

04 月名　3책(279)

04 月陽　3책(273)

04 月爾　4책(434)

04 月在甲　3책(273)

06 有　1책(117)

06 有客宿宿　2책(389)

06 有客信信　2책(389)

06 有骨者　3책(141)

06 有棣彙自裹　5책(54)

06 有齊而角　5책(436)

06 有驒有魚　5책(513)

06 有力　5책(453)

06 有鈴　3책(372)

06 有某甫　1책(189)

06 有木者　3책(33)

06 有貓有虎　5책(408)

06 有斧蟲　5책(153)

06 有斐君子　2책(380)

06 有事　3책(359)

06 有螫毒者　5책(462)

06 有細刺　4책(264)

06 有所限極　2책(214)

06 有獸名駁　5책(483)

06 有翅　5책(168)

06 有豕白蹄　5책(403)

06 有兩轅中施胃以捕鳥　3책(98)

06 有往來之親　2책(425)

06 有壬有林　1책(105, 109)

06 有刺　4책(345)

06 有雜色　4책(273)

06 有足　5책(199)

06 有脂而香　5책(51)

06 有秩　4책(461)

06 有騅有駓　5책(511)

08 服　1책(132, 174), 2책(204, 338)

08 服御之令齊整　2책(204)

08 服翼　5책(346)

08 服之無斁　1책(272)

10 朔　2책(369)

10 胅　1책(189, 192, 193)

10 胅不食言　1책(256)

11 朗　2책(101)

11 望　4책(414)

11 望厓洒而高　4책(118)

12 朝　1책(245), 2책(119)

12 朝門　3책(52)

12 朝生暮死　5책(132)

12 朝鮮　4책(453)

12 朝陽　4책(170)

木

04 木　3책(153, 161, 162), 4책(482)

04 木輅　5책(98)

04 木桂　5책(35)

04 木瓜　5책(20)

04 木槿　4책(250)

04 木豆　3책(80)

04 木莓　4책(387)

04 木無枝柯　5책(102)

04 木病厄傴瘻腫無枝條　5책(84)

04 木蠧　5책(174)

04 木相磨　5책(101)

04 木自燓　5책(100)

04 木族生　5책(117)

04 木中蠧蟲　5책(129)

04 木冤　5책(340)

04 木皮甲錯　5책(102)

05 未及上　4책(149)

05 未成雞　5책(545)

05 未成羊　5책(536)

05 未成毫　5책(540)

05 本　2책(180)

05 尢　4책(251)

05 尢似蓟而生山中　4책(251)

06 杭　5책(33)

06 杭樹　5책(33)

06 杻　5책(106)

06 杻者　5책(34)

06 杔蟷　5책(168)

06 朱縢　4책(40)

06 朱明　3책(252)

06 朱鳥之口　3책(321)

07 杞　5책(46)

07 杜　4책(416), 5책(31, 43)

07 杜棠　5책(31)

07 杜榮　4책(444)

07 杜衡　4책(416)

07 宋廎　3책(37)

07 杤　3책(25)

07 杙　3책(30)

07 材中作弓及車轅　5책(99)

07 材中車輞　5책(19, 21)

07 杏　5책(16)

08 枅　3책(38)

08 果　1책(179)

08 果蓏　5책(182)

08 果蓏之實　4책(267)

08 果不熟　3책(261)

08 果蓏　1책(179)

08 果蓏之貌　2책(292)

08 果下牛　5책(522)

08 枏　5책(19)

08 枏子　5책(19)

08 東南　4책(46)

08 東南隅　3책(16)

08 東陵　4책(40)

08 東蠡　4책(463)

08 東方　4책(45, 56), 5책(367)

08 東壁　　3책(315)

08 東別爲沱　　4책(196)

08 東北　　4책(53)

08 東北隅　　3책(16)

08 東西牆　　3책(14)

08 東嶽　　4책(171)

08 東莞縣　　4책(236)

08 東齊　　1책(146)

08 東齊曰胥　　1책(326)

08 東齊曰遏　　2책(38)

08 東齊曰迫　　2책(109)

08 東至日所出　　4책(83)

08 東風　　3책(279)

08 東河　　4책(11, 21)

08 東海　　4책(461)

08 林　　1책(105), 4책(65)

08 林外　　4책(65)

08 杯器素　　5책(24)

08 枌楡先生葉　　5책(92)

08 枇杷　　5책(36)

08 析木　　3책(308)

08 松柏之鼠　　4책(152), 5책(104)

08 松葉柏身　　5책(104)

08 杬　　5책(47)

08 杍　　5책(28)

08 枝江縣　　4책(34)

08 枝皆翹竦　　5책(110)

08 枝葉冬夏常靑　　5책(36)

08 枝葉婆娑　　5책(108)

08 枝踔跰　　5책(486)

08 枕　　5책(268)

08 枕凷以堨　　2책(245)

08 杷齒　　4책(415)

09 柯　　1책(140)

09 柬　　1책(224)

09 柜柳　　5책(27)

09 柜柳似柳　　5책(27)

09 枸檵　　5책(46)

09 枸杞　　5책(46)

09 柛　　5책(15)

09 柳　　3책(194, 321)

09 柏　　5책(13)

09 柏葉松身　　5책(105)

09 柔　　4책(361)

09 柰實　　4책(360)

09 柰耳　　4책(440)

09 柛　　5책(100)

09 枰　　1책(356)

09 染紫　　4책(403)

09 染皁　　4책(415)

09 柔　　1책(277), 2책(288)

09 柚　　5책(25)

09 柚屬　　5책(18)

09 柔英　　5책(110)

09 柔兆　　3책(264)

09 柂　　5책(14)

09 柞樹　　5책(28)

09 柢　　2책(180), 3책(183)

09 柱埋　　5책(17)

09 柱夫　　4책(337)

09 柱上楣也　　3책(38)

09 枳　　5책(18)

09 枳首蛇　　4책(63)

09 柣　　3책(20)

09 柷　　5책(110)

09 柷如漆桶　　3책(224)

09 枹　　4책(433)

09 枹薊　　4책(252, 419)

09 枹櫟　　5책(69)

09 枹者　　5책(69)

09 枹遒木　　5책(86)

09 柀　　5책(17)

09 柮之言耗　　3책(311)

10 格　　1책(118, 301), 2책(21)

10 格格　　2책(301)

10 格爾衆庶　　2책(21)

10 桂荏　　4책(314)

10 桂厚皮者爲木桂　　5책(36)

10 栲　　5책(11)

10 栲似樗　　5책(12)

10 栱　　3책(31)

10 柳當爲柳　　5책(27)

10 栝樓　　4책(267)

10 桃　　2책(44)

10 根　　4책(480)

10 根大如指　　4책(300)

10 根本　　2책(181)

10 根如小貝　　4책(325)

10 根如指　　4책(299)

10 根如指頭　　4책(309)

10 根柢　　3책(183)

10 根枝節目盤結塊磊　　5책(86)

10 根黃而香　　4책(349)

10 桃　　4책(456), 5책(113)

10 桃李醜核　　5책(112)

10 桃雀也　　5책(307)

10 桃枝　　4책(429)

10 桃蟲　　5책(306)

10 桃華馬　　5책(510)

10 桐木　　5책(97)

10 栵　　5책(22)

10 桑　　5책(99)

10 桑繭　　5책(190)

10 桑蠹　　5책(184)

10 桑柳醜條　　5책(111)

10 桑蟃　　5책(183)

10 桑辨有葚　　5책(89)

10 桑樹小而條長　　5책(91)

10 桑蟲　　5책(182)

10 桑鳸　　5책(303, 328)

10 栗栗　　2책(335)

10 梔　　3책(38), 5책(22)

10 梒　　5책(80)

10 梒桑　　5책(91)

10 梒栗　　5책(22)

10 杉　　5책(93)

10 核堅　　5책(74)

10 栩　　5책(28)

10 桓之母也　　2책(419)

10 桓桓　　2책(291)

11 桷　　3책(39)

11 桷直而遂　　3책(39)

11 梗　　1책(275)

11 桔　　1책(275)

11 梱　　5책(14)

11 梂　　5책(54)

11 梁山　　4책(48, 176)

11 梨　　5책(89)

11 梨生山中　　5책(89)

11 梨樹　　5책(89)

11 梅　　5책(15, 33)

11 桴　　3책(39)

11 梁　　3책(20, 72), 3책(37), 4책(42)

11 梁國　　4책(32)

11 梁益日格　　1책(301)

11 梧　　5책(68)

11 梧丘　　4책(99)

11 梧桐　　5책(68, 97)

11 梧桐茂　　2책(346)

11 梧桐生矣　　4책(170)

11 桜小木　　5책(87)

11 梓　　5책(79)

11 條　　5책(25)

11 條條　　2책(282)

13 楸　5책(77, 79)

13 楸屬　5책(50)

13 楸樹性上竦　5책(107)

13 梗屬　5책(37)

13 楓　5책(51)

13 楓香　5책(51)

13 楎　3책(30)

14 榎　5책(76, 77)

14 榦　1책(288)

14 榱　3책(26)

14 樑　3책(35)

14 穀　1책(124), 2책(60, 78)

14 穀不熟　3책(260)

14 穀則異室　2책(60)

14 槐　5책(76)

14 槐棘醜喬　5책(110)

14 槐大葉而黑　5책(74)

14 槐樹　5책(75)

14 稻　5책(10)

14 榭　3책(33, 76)

14 橄桃　5책(58)

14 榭卽今堂�45　3책(76)

14 榮　4책(476, 482), 5책(97)

14 榮而不實者　4책(482)

14 梾　3책(38)

14 樏　3책(39)

14 樕樕　5책(34)

14 樕樕先殫　5책(34)

15 桿　5책(32)

15 楔楸　5책(22)

15 楔楸別名　5책(96)

15 樂子之無知　1책(155)

15 樓　1책(214), 3책(76)

15 樂　1책(129)

15 櫡　5책(89)

15 模範同等　2책(185)

15 樊　2책(121)

15 櫨梨　5책(113)

15 櫨似梨而酢澀　5책(114)

15 樧　5책(111)

15 槮　3책(96)

15 槌其　5책(72)

15 楸樸　5책(96)

15 樂　2책(340)

15 樂禍助虐　2책(361)

15 橃　5책(101)

15 樗繭　5책(191)

15 樗雞　5책(161)

15 樗葉　5책(191)

15 橘　3책(40)

15 樅　5책(104)

15 樞　3책(21)

15 樞達北方　3책(21)

16 橘　3책(73)

16 橛　3책(54)

16 橛也　3책(30)

16 樻　5책(38)

16 橘　3책(273)

16 橙　5책(25)

16 樸　5책(69)

16 樸屬　5책(69)

16 樹　3책(49)

16 樹木　4책(214)

16 樹木叢生　5책(86)

16 樹似白楊　5책(15)

16 樹小　5책(62)

16 樹小如梔子　5책(95)

16 樹實繁茂菴藹　5책(85)

16 樹葉缺落蔭疏　1책(284)

16 樹葉細而岐銳　5책(80)

16 樹蔭翳覆地　5책(101)

16 樹蔭爲麻　2책(77)

16 樹枝曲卷似鳥毛羽　5책(106)
16 樹枝相切磨　5책(101)
16 樲　5책(62)
16 槍　5책(402)
16 橃　3책(30)
16 樵薪　5책(70)
16 橢謂狹而長　5책(254)
16 橐含　4책(481)
16 橫目　4책(382)
16 橫吹之　3책(208)
17 檟　5책(95)
17 櫃木　5책(98)
17 檢　2책(184)
17 橄　5책(117)
17 橄欖直上　5책(117)
17 檕梅　5책(33)
17 檀　5책(34)
17 橡　5책(56)
17 檍　5책(19)
17 檉　5책(39)
17 檐　3책(40)
17 檐皷　3책(324)
17 檜　5책(105)
17 檜楫松舟　5책(105)
17 檝　5책(48)
18 檿桑　5책(99)
18 檳　5책(62)
18 檻得一獸　5책(413)
18 檴　5책(24)
19 櫟　5책(54)
19 檵橘　5책(45)
19 櫐爲藤　5책(44)
19 櫧　5책(30)
19 櫢　5책(18)
20 櫨　3책(38)
20 檖　4책(250), 5책(68, 70)

20 櫰　5책(74)
21 櫻桃　5책(57, 94)
21 櫪槍　3책(326)
22 權　4책(406), 5책(42)
22 權輿　1책(98)
22 櫺　5책(45)
22 櫺櫺　5책(51)
23 欒蘭　5책(192)
23 欒葉　5책(192)

欠

06 次　2책(213)
06 次叙　1책(128)
06 次畫　5책(171)
08 欣　1책(129), 5책(398)
08 欣嘏　5책(527)
11 欲其比德焉　2책(202)
12 款凍　4책(420)
12 款足者　3책(146)
12 欽　1책(244)
12 欽欽　2책(326)
13 歇　1책(303)
14 歌事以詠心憂　2책(326)

止

04 止　1책(247, 268), 2책(293), 3책(223)
04 止亦定　1책(365)
04 止者　3책(224)
05 正　1책(327, 348), 2책(202, 203)
05 正丘　4책(103)
05 正門　3책(51)
05 正白　4책(299, 332)
05 正月　3책(273)
05 正絶流曰亂　4책(221)

05 正直　1책(275)
05 正出　4책(182)
06 此　1책(295)
07 步　3책(71, 220)
07 步渡豹也　3책(73)
07 步挽輦車　2책(397)
08 歧旁　3책(64)
08 武　1책(158), 2책(292)
08 武迹也　2책(386)
13 歲名　3책(272)
13 歲十月　3책(73)
13 歲陽　3책(264)
16 歷　1책(328, 330), 2책(270)
18 歸異出同流　4책(191)
18 歸孫　2책(438)

歹

06 死　1책(374)
06 死曰考妣嬪　2책(419)
09 殄　1책(211, 323), 2책(189)
09 殄絶　2책(189)
09 殆　1책(248)
13 殛　2책(207)
16 殪　1책(374)
21 殲　1책(211)

殳

10 殷　2책(11)
10 殷殷　2책(326)
10 殷制　4책(25)
11 殺　1책(181, 182)
11 殺老牛　1책(171)
11 殺敵爲果　1책(179)
13 殿屎　2책(410)

13 毀廟主　1책(363)
13 毀覆　2책(40)
13 毀也　1책(168)
15 毅　1책(179)
23 毊　3책(203)
23 毊形似犁錧　3책(204)

毋

04 毋漉陂池　1책(303)
05 母黨　2책(434)
05 母與妻之黨　2책(449)
05 母之考　2책(434)
05 母之昆弟　2책(434)
05 母之妣　2책(434)
05 母之王考　2책(434)
05 母之王妣　2책(434)
05 母之姊妹　2책(434)
05 母之從父昆弟　2책(434)
07 每有　2책(375)
08 毒　2책(184)

比

04 比　1책(289)
04 比肩民　4책(62)
04 比肩獸　4책(58)
04 比目魚　4책(56)
04 比船爲橋　4책(215)
04 比葉　4책(399)
04 比翼　5책(356)
04 比翼鳥　4책(57)
09 毖　1책(338)
09 毗劉　1책(284)

毛

04 毛脚　5책(340)
04 毛冠　5책(294)
04 毛蠹　5책(156)
04 毛氂所以爲麗　2책(116)
04 毛色光鮮　5책(366)
04 毛刺　5책(443)
04 毛麝淺赤黃色　5책(429)
11 毫毛長　5책(439)
12 毳衣如菼　2책(163)
15 氅　2책(116)
22 氍毹　4책(338)

氏

05 民之不能忘也　2책(380)
05 民協服也　2책(346)
05 氏　3책(303)

气

10 氣　2책(198)
10 氣白而收藏　3책(253)
10 氣息貌　1책(315)
10 氣赤而光明　3책(252)
10 氣靑而溫陽　3책(252)
10 氣體所須　5책(478)
10 氣出　2책(198)
10 氣出盛　2책(337)
10 氣皓旰　3책(244)
10 氣黑而淸英　3책(253)

水

04 水決入澤中者亦名爲洿　4책(200)

04 水經　4책(16)
04 水曲如鉤　4책(238)
04 水龜　5책(272)
04 水狗　5책(287)
04 水多阨狹　4책(238)
04 水多約絜　4책(237)
04 水道簡易　4책(237)
04 水落貌　1책(336)
04 水潦所止　4책(94)
04 水潦所還　4책(97)
04 水流淒泩　2책(240)
04 水無所通者　4책(128)
04 水邊　4책(127)
04 水邊地　4책(205)
04 水藚也　4책(378)
04 水雪雜下者　3책(295)
04 水深之別名　2책(59)
04 水自河出　4책(195)
04 水底行也　4책(210)
04 水鳥也　5책(291)
04 水中　4책(226)
04 水中可居　4책(236)
04 水中萐　4책(384)
04 水中簰筏　2책(128)
04 水中沙堆爲潬　4책(189)
04 水中小洲爲陼　4책(93)
04 水中蛭蟲喜入人肉者　5책(230)
04 水泉　4책(224)
04 水泉潛出　4책(190)
04 水荇至　2책(41)
04 水醮　4책(194)
04 水草交爲湄　4책(206)
04 水醮盡　4책(194)
04 水出去復還　4책(201)
04 水出其右　4책(103)
04 水出其前　4책(103)

04 水出其左　4책(103)
04 水出其後　4책(103)
04 水苔　4책(389)
04 水涸而成梁　1책(303)
04 水環繞之　4책(97)
04 水鴞　5책(333)
05 氿泉穴出　4책(185)
05 永　1책(166, 176)
05 永錫爾類　1책(125)
05 永安縣　4책(50)
05 汁赤　5책(47)
06 江　4책(222)
06 江南　4책(18, 34)
06 江南衡　4책(133)
06 江東　4책(56, 120)
06 江東人呼粟爲粢　4책(274)
06 江爲沱　4책(195)
06 江有沱　4책(204)
06 江之有沱　4책(188)
06 江淮而南　5책(366)
06 汎汎楊舟　4책(213)
06 氾　4책(128)
06 汕　3책(95)
06 汝穎梁宋之間曰艾　1책(334)
06 汝爲濆　4책(196)
06 汝有濆　4책(204)
06 汝則有逸罰　2책(32)
06 汚薄　5책(254)
06 汋啖之滑　4책(374)
06 汋食之滑　4책(388)
06 池陽縣　4책(39)
07 汰　1책(336)
07 決復入爲汜　4책(200)
07 決之澤爲汧　4책(200)
07 汩漱沙壤　4책(228)
07 求　1책(373), 2책(56)

07 求請也　2책(19)
07 汲郡　4책(30)
07 汽　1책(250)
07 沂　3책(208)
07 汝爲瀾　4책(195)
07 汾陰　4책(192)
07 汾陰縣有水口　4책(192)
07 沙丘　4책(106)
07 沙出　4책(189)
07 沈臭　5책(336)
07 汭　1책(146)
07 沃泉縣出　4책(184)
07 沄　2책(240)
07 沈落　1책(162)
07 沈水食魚　5책(296)
07 沈研鑽極二九載　1책(84)
07 沛國呼秭　4책(320)
07 沆　2책(240)
08 泥丘　4책(94)
08 泥潭　4책(94)
08 泥鏝　3책(25)
08 泥少才力　5책(451)
08 泥驄　5책(510)
08 泥鰌　5책(210)
08 泯　1책(211)
08 法　1책(138, 140)
08 法律皆所以銓量輕重　2책(105)
08 泎　2책(128)
08 泳　2책(108)
08 洗洗　5책(349)
08 沮丘　4책(103)
08 注谿曰谷　4책(218)
08 注谷曰溝　4책(218)
08 注溝曰澮　4책(218)
08 注旄首　3책(371)
08 注川曰谿　4책(218)

08 注澮曰瀆　4책(218)

08 治　1책(251, 332)

08 治器之名　3책(162)

08 治樸之名　3책(161)

08 治兵　3책(361)

08 治玉名　3책(184)

08 治疇　4책(390)

08 沱潛旣道　4책(195)

08 河　4책(20, 222)

08 河曲　4책(234)

08 河曲流　4책(228)

08 河南　4책(13)

08 河南華　4책(131)

08 河東　4책(20)

08 河東垈　4책(132)

08 河柳　5책(39)

08 河旁赤莖小楊　5책(39)

08 河北恒　4책(132)

08 河墳　4책(43)

08 河西　4책(14)

08 河西嶽　4책(131)

08 河勢上廣下狹　4책(235)

08 河水　4책(14, 201)

08 河水決出　4책(188)

08 河有灘　4책(204)

08 河中陼上又有一濆　4책(192)

08 河之有灘　4책(188)

08 河千里一曲一直　4책(228)

08 河出崐崙虛　4책(227)

09 汧　4책(190)

09 汧縣　4책(31)

09 洸洸　2책(292)

09 洛爲波　4책(195)

09 流　1책(224), 2책(56), 2책(57)

09 流盤桓也　4책(238)

09 流川　4책(186)

09 洩洩　2책(360)

09 洗　5책(63)

09 洒謂深也　4책(118)

09 淘　2책(130)

09 洋　1책(223)

09 洋洋　2책(294)

09 洋溢　1책(223)

09 洿澤　5책(296)

09 流星　3책(329)

09 洮米聲　2책(336)

09 津　3책(308)

09 泉一見一否　4책(180)

09 洪　1책(108)

09 洪筆麗藻之客　1책(84)

09 活東　5책(231)

09 活莄　4책(332)

09 活脫　4책(403)

10 涽灘　3책(265)

10 浪　1책(149)

10 涂　3책(275)

10 涂蕘　4책(436)

10 浧　1책(263)

10 淳　1책(293)

10 浮沈　3책(336)

10 浮萍　4책(373)

10 浹爲厓　4책(127)

10 消雪　3책(295)

10 涌出　4책(182)

10 涔　3책(96)

10 泰丘　4책(112)

10 泰山　4책(54, 132, 171)

10 泰室山　4책(174)

10 泰遠　4책(76)

10 泰風　3책(280)

10 泰風有隧　3책(280)

10 浦隩　4책(120)

10 海　4책(18, 22, 25)
10 海蘿　4책(455)
10 海濱廣斥　4책(36)
10 海魚　5책(220)
10 海隅　4책(35)
10 海鳥　5책(326)
10 海藻　4책(455)
10 海雉　5책(364)
10 海蛤　5책(232)
10 浹　2책(91)
11 湦　1책(332)
11 渾糜　2책(256)
11 淘河　5책(296)
11 涷　3책(297)
11 涼州呼鋅　3책(148)
11 涼風　3책(280)
11 淩　2책(98)
11 淩懍戰慄　2책(98)
11 淩獵　2책(142)
11 涪陵郡出大龜　5책(270)
11 淅　2책(336)
11 淑　1책(124)
11 深　2책(59, 201)
11 深衣之裳　3책(119)
11 深二尺八寸　3책(224)
11 深則厲　4책(207)
11 淹　1책(299)
11 淹滯　1책(299)
11 淪　2책(183)
11 淫　1책(108), 3책(298)
11 淺　2책(170)
11 淺赤　3책(180)
11 淺靑　3책(180)
11 淺則揭　4책(207)
11 淸　1책(305), 2책(76, 366)
11 淸明　2책(76)

11 淸明貌　2책(100)
11 淸且瀾漪　4책(201)
11 淄水過其南及東　4책(103)
11 淔　4책(287)
11 涸　1책(303)
11 淮　1책(146), 4책(22, 222)
11 淮南　4책(116)
11 淮爲滸　4책(195)
12 減陽　5책(500)
12 渠略　5책(132)
12 淏梁　4책(42)
12 溪闢　4책(186)
12 渡　2책(268)
12 渚丘　4책(103)
12 游　2책(108)
12 游息　1책(315)
12 湆　3책(140)
12 湢　1책(162)
12 測　2책(59)
12 測度　2책(62)
12 湯孫奏假　1책(109)
12 渝　2책(165)
12 渾　1책(336)
12 渙瀾　4책(201)
13 減　1책(211, 323), 2책(92), 3책(166)
13 減絶　2책(92)
13 溦　4책(129)
13 溥　1책(108)
13 溹溹　2책(336)
13 溼地　4책(364)
13 溫溫　2책(288)
13 溢　1책(160, 264, 338)
14 漮　1책(219)
14 漮之言空也　1책(220)
14 溉之釜鬵　3책(148)
14 滷　2책(55)

14 㴞㴞出涎沫 2책(271)
14 漠 1책(135), 2책(76)
14 滿冬 4책(366)
14 漫臚徹齒 5책(496)
14 漁陽 5책(549)
14 漁者不爭隈 4책(120)
14 漆樹 5책(12)
14 漢 4책(13)
14 漢南 4책(17)
14 漢爲潛 4책(195)
14 漢之廣矣 4책(211)
14 漢津 3책(308)
14 滸 4책(125)
14 滸水厓 4책(205)
15 澗 4책(167)
15 潰 2책(191)
15 潰敗 2책(191)
15 渾 4책(189)
15 滕 1책(219)
15 濆沸涌出 4책(192)
15 漦 2책(271)
15 潁爲沙 4책(196)
15 潛 2책(59)
15 潛丘 4책(115)
15 潛敦爲河北者 4책(116)
15 潛流地中 4책(228)
15 潛水所出也 4책(171)
15 潛行爲泳 4책(210)
15 潛行游水底 2책(108)
16 潏爲沟 4책(196)
16 潕 4책(167)
16 澂 3책(144)
16 濁 3책(319)
16 澤 4책(381)
16 澤龜 5책(272)
16 澤蓼 4책(315)

16 澤柳 5책(40)
16 澤蕮 4책(348)
16 澤虞 5책(333)
16 澤中有丘 4책(99)
17 濫泉正出 4책(182)
17 濮鉛 4책(76)
17 濟 2책(268), 4책(20, 222)
17 濟渡之處 4책(207)
17 濟東 4책(21)
17 濟水 4책(21, 90)
17 濟爲濋 4책(195)
17 濟有深涉 4책(207)
17 濟陰 4책(89)
17 濟濟 2책(293)
17 濜 2책(201)
17 濜畎澮距川 4책(186)
17 濯 1책(108)
17 槳 4책(164)
17 濩煮之也 2책(385)
18 濼 4책(368)
20 瀾汋 4책(181)
20 瀵 4책(192)
20 瀵源皆潛相通 4책(192)
20 瀹食也 4책(334)
20 瀸 4책(180)
20 瀸纏有貌 4책(180)
21 灌 4책(287), 5책(117)
21 灌木 5책(82)
21 灘 4책(188, 195)
21 灘沮會同 4책(195)
22 灑 3책(197)

火

04 火 2책(221)
04 火龜 5책(272)

04 火鼠   5책(272)

04 火屬南方   3책(321)

04 火田   3책(356)

07 災   3책(264)

08 炎炎   2책(319)

09 炳怲   2책(326)

09 炤   5책(185)

10 炷   2책(117)

10 烈   1책(201, 272, 356)

10 烈烈   2책(291)

10 烏階   4책(415)

10 烏蓲   4책(473)

10 烏鳴   5책(283)

10 烏頭   4책(395)

10 烏蒣   4책(281, 381)

10 烏鵲醜   5책(379)

10 烏蠋   5책(187)

10 烏嬲   5책(510)

10 烏杷   4책(415)

10 烏鷘   5책(291)

10 烖   1책(248)

10 烝   1책(105, 197, 221), 2책(175, 337)

10 烝烝   2책(297)

10 烘   2책(117)

11 烰烰   2책(337)

12 無   1책(265), 2책(46)

12 無感我帨兮   1책(319)

12 無姑   5책(53)

12 無功庸者   1책(234)

12 無東西廂, 有室   3책(76)

12 無祿   1책(374)

12 無鱗   5책(202)

12 無憮   2책(30)

12 無不健自奮迅   5책(546)

12 無使尨也吠   5책(541)

12 無室   3책(76)

12 無實李   5책(59)

12 無實棗   5책(65)

12 無恙   1책(232)

12 無緣者   3책(169)

12 無敖   2책(30)

12 無憂   1책(232)

12 無夷   5책(53)

12 無疵   5책(37)

12 無子者   4책(257)

12 無前兩足   5책(413)

12 無前足   5책(413)

12 無足   5책(199)

12 無舟楫   2책(400)

12 無枝   5책(117)

12 無草木   4책(162)

12 無笅   4책(430)

12 無或佻張爲幻   2책(412)

12 焚輪   3책(282)

12 然   2책(24)

12 焦護   4책(39)

13 煖   2책(244)

13 煩苛者多嫉妬   2책(263)

13 煩悶   2책(315)

13 煠   2책(117)

13 煮   5책(64)

13 煮葛爲絺綌   2책(385)

13 黏   5책(17)

13 熙   1책(311)

14 煽   2책(179)

14 熊虎醜   5책(415)

14 熒   4책(300)

14 熒陽   4책(38)

14 熒火   5책(185)

15 熲   1책(201), 2책(44)

15 燤   1책(244)

16 燉煌   4책(16)

16 燎　2책(117)
16 燔柴　3책(333)
16 燒燎　2책(117)
16 燒土爲之　3책(210)
16 燕　1책(146), 4책(23, 36), 5책(314)
16 燕麥　4책(412), 4책(280)
16 燕北　4책(453)
16 燕燕　5책(317)
16 燕燕于飛　5책(318)
16 燕頷　5책(308)
16 熾　2책(179)
16 熾盛之貌　3책(283)
17 變　1책(208)
17 變友柔克　1책(208)
17 營丘　4책(103)
17 營室　3책(314, 315)
17 營衛　1책(291)
17 營州　4책(25)
17 燠　2책(244)
17 燬　2책(221)
22 爐爐　2책(319)

爪

04 爪長　5책(352)
09 爰　1책(150, 152)
09 爰居　5책(326)
09 爰爰　2책(309)
09 爰采唐矣　4책(392)
12 爲　2책(52)
12 爲壇三成　4책(88)
12 爲苗稼除害　3책(351)
12 爲燕尾者　3책(370)
12 爲下國駿厖　1책(109)

父

04 父之考　2책(420)
04 父之舅弟先生　2책(422)
04 父之黨　2책(449)
04 父之姚　2책(420)
04 父之世母叔母　2책(421)
04 父之世父叔父　2책(421)
04 父之姊妹　2책(422)
04 父之弟妻　2책(427)
04 父之從父舅弟　2책(422)
04 父之從父舅弟之母　2책(426)
04 父之從父舅弟之妻　2책(427)
04 父之從父姊妹　2책(426)
04 父之從祖舅弟　2책(422)
04 父之從祖舅弟之母　2책(426)
04 父之從祖舅弟之妻　2책(427)
04 父之從祖姊妹　2책(426)
04 父之從祖祖母　2책(427)
04 父之從祖祖父　2책(427)
04 父之妾　2책(427)
04 父之兄妻　2책(426)

爻

11 爽　2책(47)
14 爾土宇畈章　1책(109)

爿

10 牂　5책(533)
10 牂羊墳首　5책(534)
17 牆　3책(25, 26)

片

08 版版　2책(317)
15 牖戶之間　3책(12)

牛

11 牽扡　2책(367)
04 牛　5책(473)
04 牛角低卬　5책(525)
04 牛棘　5책(82)
04 牛蕲　4책(285)
04 牛尾　5책(427)
04 牛脾　4책(56)
04 牛屬　5책(528)
04 牛脣　4책(377)
04 牛芸草　4책(406)
04 牛藻　4책(370)
04 牛七尺　5책(548)
04 牛蘱　4책(376)
04 牛黑所在之名　5책(526)
06 牝　5책(391, 394, 395, 397, 403, 506, 533,
　　535)
06 牝痺　5책(335)
07 牡　5책(391, 394, 395, 397, 506, 533, 534)
07 牡蛓　4책(257)
07 牡茅　4책(439)
07 牡蠶　4책(386)
08 牧　4책(65), 5책(526)
08 牧外　4책(65)
08 物盛興作之貌　2책(297)
08 物有氣力多者　5책(546)
08 物叢緻者爲積　2책(154)
08 物稱人意亦爲好　2책(104)
09 軕　5책(526)
09 牰　5책(527)

09 狗　5책(527)
10 特　5책(401)
11 牽縛縮貉之　1책(367)
11 牽牛　3책(310, 323)
12 牷　5책(526)
12 犀　3책(161), 4책(48), 5책(441)
12 犀牛皮角　4책(48)
12 犉　5책(525, 548)
13 㹀牛　5책(524)
13 犇牛　5책(522)
14 㹀　5책(522)
15 犘牛　5책(521)
15 犖　5책(526)
16 犝牛　5책(523)
19 犢　5책(527)
19 犧牛　5책(523)
19 犨牛　5책(522)
19 犪牛　5책(522)
22 犩牛　5책(523)
24 犩牛　5책(523)

犬

04 犬生　5책(540)
04 犬高四尺曰獒　5책(549)
05 犯　1책(179)
07 狂　5책(321, 342)
07 狂鳥　5책(342)
07 狃　2책(265)
07 狃忕　2책(265)
07 狄　5책(392)
07 狄人歸先軫之元　1책(359)
07 狄臧　5책(32)
08 狗　5책(415, 540), 5책(541)
08 狗毒　4책(398)
08 狗四尺　5책(549)

08 狗屬　5책(542)

08 狗子未生斷毛者　5책(540)

08 狗薺　4책(329)

08 狗足　5책(422, 428)

08 狒狒　5책(443)

08 狀如馬　5책(481)

08 狀如馬頰　4책(235)

08 狀如覆釜　4책(236)

08 狀如鼠而大　5책(466)

08 狀如小狐　5책(352)

08 狀如蜼而小　5책(448)

08 狀如橐駝　5책(522)

08 狀如獻鼠　5책(464)

08 狎　1책(298), 2책(161)

08 狐　5책(446)

08 狐梨　5책(155)

09 昊　5책(478)

09 狩　3책(352, 356)

09 狣　5책(541)

10 狼　5책(397)

10 狼跋其胡　2책(173)

10 狼尾　4책(264)

10 狻麑　5책(432)

10 狻猊日走五百里　5책(432)

11 猛愸多力　5책(425)

11 猗氏縣　5책(63)

11 猗嗟名兮　2책(393)

12 猲獢　5책(541)

12 猱　5책(449)

12 猱亦獼猴之類　5책(448)

12 猱狀　5책(448)

12 猩猩　5책(457)

12 猬狀似鼠　5책(443)

12 猶　5책(438)

12 猶人自脩飾　2책(381)

12 猪好啖之　5책(132)

12 猲　5책(540)

12 猋　3책(283), 4책(469)

13 獸　1책(135, 258, 372), 2책(102, 157),
　　 3책(63)

13 獸來無棄　2책(157)

15 獠　3책(355, 356)

15 獠獵畢弋　3책(356)

15 獒　5책(549)

16 獥　5책(397)

16 獵長　5책(428)

16 獨者　4책(146)

16 獨作之　3책(220)

16 獘　5책(100)

16 獘者　5책(101)

16 獩　5책(541)

17 獮　1책(182), 3책(351)

17 獲　1책(340)

17 獲禾爲穧　1책(341)

18 獷惡　5책(453)

18 獵　2책(142)

19 獸　5책(386, 477)

19 獸長麛麋　5책(391)

20 獼猴　5책(450, 454, 475)

20 獻　1책(350), 2책(148)

20 獻其皮骨爪牙　5책(411)

21 玃　5책(397)

23 玁　5책(540)

5획

玄

05 玄　3책(274)

05 玄駒　5책(504, 505)

05 玄孫　2책(424)

05 玄孫之子　2책(425)

05 玄英　3책(253)

05 玄黓　3책(264)

05 玄者言親屬微昧也　2책(424)

05 玄鳥　5책(318)

05 玄貝　5책(252)

05 玄黃　1책(226)

05 玄枵　3책(311)

10 玆　1책(295), 3책(185)

11 率　1책(133), 2책(183)

玉

04 王　1책(105), 5책(189)

04 王姑　2책(426)

04 王公伊濯　1책(109)

04 王瓜　4책(412)

04 王女　4책(438)

04 王母　2책(420)

04 王父　2책(420), 5책(137)

04 王父之考　2책(420)

04 王父之妣　2책(420)

04 王父之姊妹　2책(426)

04 王蛇　5책(263)

04 王彗　4책(253)

04 王室如燬　2책(221)

04 王餘魚　4책(56)

04 王于出征　1책(150), 2책(39)

04 王鮪　5책(218)

04 王鴡　5책(283)

04 王蒸　4책(250)

04 王之藎臣　1책(195)

04 王芻　4책(254)

04 王帚也　4책(253)

05 玉　3책(161, 162, 163)

05 玉石之被雕磨　2책(381)

05 玉屬　4책(45)

05 玉十　3책(150)

05 玉珧　5책(244)

05 玉燭　3책(253)

07 玗　4책(45)

08 玠　3책(174)

08 玦之以金銑者　3책(167)

08 玩　2책(202)

08 玩以璋者　2책(202)

08 玩好　2책(202)

09 珍　1책(205, 350)

09 珍物宜獻　1책(350)

10 珪　3책(170)

10 珪大尺二寸　3책(174)

10 班　2책(267)

10 班駮隱鄰　5책(509)

10 珣　4책(45)

10 珧　3책(170), 5책(244)

10 珠玉　4책(50)

11 琅玗　4책(51)

11 珺珺　2책(356)

12 琴大者二十七絃　3책(199)

12 琴長三尺六寸六分　3책(199)

12 琪　4책(45)

12 琳　3책(163)

12 琡　3책(174)

12 琛　2책(93)

12 琢　3책(162, 184)

13 璹琄　5책(270)

13 瑞　3책(149)

13 瑞應鳥　5책(308)

13 瑞草　4책(288)

13 瑟兮僴兮　2책(380)

13 瑗　3책(175)

14 瑣瑣　2책(322)

14 瑣瑣姻亞　2책(450)

15 璆　3책(163)

15 璆琳　4책(51)

15 璋大八寸　3책(174)

16 璞不揆樍昧　1책(84)

17 璲　3책(149)

17 璲者玉瑞　3책(149)

17 璧　3책(157)

17 環　3책(126, 176)

17 環繞　4책(98)

18 璧　3책(175)

18 璧大六寸　3책(174)

瓜

05 瓜　5책(113)

05 瓜蔓緒　4책(307)

08 瓞　4책(307, 401)

08 瓞瓜　4책(412)

08 瓞瓜爲瓞　4책(307)

10 瓠瓢　4책(412)

10 瓞　4책(307)

11 瓠　5책(61)

11 瓠棲　4책(265)

11 瓠中　4책(39)

11 瓠壺也　3책(89)

19 瓤　4책(265)

瓦

05 瓦豆　3책(83)

10 瓵甐　3책(61)

10 瓵甌　3책(60)

10 瓵　3책(86)

13 甀甄　3책(86)

15 甑　3책(88)

16 甌瓵　3책(86)

16 甀甄也　3책(61)

18 甓　3책(60)

18 甕器底蟲　5책(158)

21 甗　5책(485)

21 甗甑也　4책(155)

甘

05 甘棠　5책(31)

05 甘雨時降　3책(255)

05 甘草　4책(458)

09 甚　2책(194)

11 甛滑　4책(338)

13 甝　5책(410)

生

05 生　2책(60, 331)

05 生菰草中　4책(338)

05 生南方　5책(47)

05 生山上　4책(347)

05 生山中　4책(420, 428), 5책(12),

05 生我劬勞　1책(227)

05 生於水邊　4책(427)

05 生於水中　4책(426)

05 生曰父母妻　2책(419)

05 生鬱林　5책(344)

05 生嶲　5책(324)

05 生澤中者　5책(40)

05 生哺　5책(324)

05 生下田　4책(309, 449)

05 生海邊　4책(433)

05 生海中　4책(455)

11 産　3책(219)

12 甥　2책(436)

用

05 用　2책(63)
05 用袪未瘳　1책(84)
05 用金蚌玉飾弓兩頭　3책(170)
05 用綦組飾旒之邊　3책(366)
05 用心差錯　2책(47)
05 用朱縷維連持之　3책(367)
05 用之爲席　4책(352)
07 甫　1책(108, 189)

田

05 甲　2책(161)
05 甲可以卜　5책(270)
05 甲有文彩者　5책(271)
05 甲前長　5책(246)
05 甲蟲也　5책(134)
05 甲後長　5책(247)
05 申　1책(210)
05 由　1책(133)
05 由胡　4책(444)
05 田　2책(142, 328)
05 田獵齊足　5책(519)
05 田一歲　4책(73)
07 男唯女兪　2책(24)
07 男子先生　2책(422)
07 男子謂女子先生　2책(422)
07 男子謂姊妹之子　2책(437)
07 甹夆　2책(367)
08 畀　1책(123, 193)
09 界　1책(290)
09 界各十里也　4책(65)
09 畇畇　2책(328)
10 留　1책(299)
10 留離　5책(384)

10 留離之子　5책(384)
10 畝丘　4책(113)
10 畛　1책(164), 2책(21, 189, 254)
10 畛於鬼神　1책(164, 189)
10 畏畏　2책(329)
11 畣　2책(24)
11 畢　1책(211), 3책(164, 273, 319), 4책 (123)
12 異翹　4책(380)
12 番番　2책(290)
12 畬　4책(74)
12 異姓　2책(434)
12 畯　2책(72)
12 畫　2책(133)
12 畫丘　4책(100)
12 畫者爲形象　2책(133)
13 當　1책(292)
13 當歸　4책(248)
13 當歸今似蘄而粗大　4책(248)
13 當途　4책(99)
13 當陸　4책(371)
13 當鮔　5책(220)
13 畫交龍於旒　3책(372)
13 畫白龍於縿　3책(365)
16 鏈　3책(93)
19 疆　1책(290)
19 疆場　1책(291)
19 疇　1책(204)
19 疇離祉　1책(204)

疋

14 疑　1책(286), 2책(33)
14 疐　2책(173, 212), 5책(113)

疒

19 癠　1책(227)

08 疢　1책(226)

09 痒　1책(226)

10 病　1책(227), 2책(325)

10 疵　1책(226)

10 疧　1책(226)

10 疾　1책(216), 2책(34)

10 疾雷　3책(294)

11 痒　1책(226)

12 痗　1책(226)

12 痡　1책(226)

12 痤　5책(59)

12 痛　2책(216)

13 痁痁　2책(325)

13 痱　1책(227)

14 瘏　1책(226)

14 瘍瘡也　2책(384)

14 瘉　1책(226)

14 瘐瘐　2책(325)

15 瘞　1책(267), 2책(115)

15 瘞薶　3책(334)

15 瘣木　5책(83)

15 瘥　1책(227)

15 瘠　2책(43)

15 瘠瘦爲脙　2책(43)

16 瘴　1책(226)

16 瘼　1책(227)

16 瘵　1책(227)

17 癉　1책(233)

18 癉　1책(227)

18 瘋　1책(226)

19 癡鳥　5책(301)

30 癵　1책(226)

癶

12 登　1책(274, 301), 3책(83)

12 發　2책(70)

12 發生　3책(254)

12 發揚　2책(220)

12 發源注海　4책(222)

白

05 白鷺縗　5책(361)

05 白盖　3책(156)

05 白蕢　4책(306)

05 白鷢　5책(348)

05 白金　3책(157)

05 白蘄　4책(297)

05 白椴　5책(15)

05 白達素　5책(495)

05 白脰鳥　5책(314)

05 白鑯　3책(159)

05 白粱粟　4책(316)

05 白鷺　5책(361)

05 白馬黑鬣　5책(511)

05 白馬黑脣　5책(512)

05 白茅　4책(439)

05 白茅苦也　3책(156)

05 白苗　4책(316)

05 白枌　5책(91)

05 白棟　5책(80)

05 白熟　5책(62)

05 白飾牆也　3책(27)

05 白楊　5책(51, 93)

05 白魚　5책(159)

05 白爲文點　5책(253)

05 白桵　5책(87)

05 白者棠　5책(43)

05 白者棟   5책(80)

05 白藏   3책(253)

05 白顚   5책(495)

05 白棗   5책(62)

05 白鰷魚   5책(209)

05 白州   5책(494)

05 白雉   5책(365)

05 白鷳   5책(365)

05 白豹   5책(409)

05 白蒿   4책(256)

05 白虎   5책(410)

05 白狐   5책(420)

05 白華   4책(271, 296, 299, 424)

05 白華菅兮   4책(296)

05 白黃文   5책(253)

05 白黑羊名   5책(535)

06 百囊罟   3책(94)

06 百里一小曲   4책(228)

06 百里之國   4책(65)

06 百姓輯睦   1책(207)

06 百姓懷附興頌歌   2책(346)

06 百羽   3책(151)

06 百足   4책(396)

06 百草   4책(279)

08 的   4책(356, 448)

09 皆   1책(325)

09 皆備成章   5책(366)

09 皆相及逮   2책(38)

09 皆踊   5책(525)

09 皆禹所名也   4책(243)

09 皆有掌蹱   5책(447)

09 皇   1책(105), 2책(203, 274), 4책(412), 5
    책(308, 342)

09 皇皇   1책(205)

11 皐   3책(274)

17 皤蒿   4책(256)

皮

05 皮可煮作飲   5책(27)

05 皮理腠蹙   5책(401)

05 皮理錯戾   5책(80)

05 皮辟濕   5책(409)

05 皮色白   5책(92)

05 皮有縟綵   4책(53)

05 皮厚   5책(47)

05 皮厚二三寸   5책(18)

13 皵   5책(101)

皿

09 盆也   3책(84)

09 盈   1책(264)

10 盉   3책(84)

10 益   2책(82, 268)

10 益母   4책(271)

10 益之以飇霂   3책(297)

10 盍   1책(153), 2책(190)

12 盜庚   4책(399)

12 盜驪   5책(488)

12 盛   2책(179), 4책(153)

12 盛飾宴安   2책(350)

12 盛酒尊   3책(110)

12 盛疾之貌   2책(308)

13 盦   1책(303), 2책(271)

13 盟諸僖閟   3책(53)

14 監   1책(263)

14 盡   1책(211)

14 盡似丙丁之屬   5책(268)

17 盪盪   2책(317)

目

05 目上爲名　2책(393)
08 盰　1책(232), 4책(418)
08 直　1책(275)
08 直不受檐　3책(40)
08 直語　1책(211)
08 直出　4책(183)
08 直波爲徑　4책(202)
08 直橫渡也　4책(221)
09 眉眼之間　2책(393)
09 相　1책(198, 263, 331), 2책(176), 3책(274)
09 相干瘵　2책(155)
09 相去數里而夾河　4책(192)
09 相歸遺　2책(159)
09 相及　2책(139)
09 相當對　1책(157)
09 相得乃飛　4책(58)
09 相摩近　1책(250)
09 相盟也　1책(331)
09 相報答　1책(282)
09 相思念　2책(213)
09 相率使　2책(183)
09 相約誓　2책(107)
09 相延易　1책(280)
09 相偶妃也　1책(158)
09 相怨恨　2책(219)
09 相切直也　2책(345)
09 相接續也　1책(337)
09 相遭遇　1책(260)
09 相佐助　2책(176)
09 相憎惡　2책(320)
09 相撍拄　2책(229)
09 相觸遌　1책(260)
09 相通小門也　3책(52)
09 相扞衛　2책(241)
09 省　1책(124, 355)
10 眕　2책(141)
11 眼眥黑　5책(526)
13 督　1책(348)
13 睫櫳　5책(361)
13 睢陽縣　4책(32)
17 瞤　5책(512)
18 瞿瞿　2책(312)
18 瞿麥　4책(385)
18 瞻　1책(263)
19 矙　2책(251)

矛

09 矜　2책(55)
09 矜憐　2책(408)

矢

05 矢　1책(170, 279), 2책(107)
08 知　1책(155)
09 矧　2책(235)
10 矩　1책(138, 140)
12 短頭　5책(401)
12 短脰　5책(452)
12 短尾　5책(373)
12 短味　5책(65)
12 短喙　5책(541)
17 矯矯　2책(290)

石

05 石　3책(162)
05 石杠　3책(73)
05 石戴土　4책(166)

05 石蜋　5책(153)
05 石髮　4책(389)
05 石山上有土者　4책(166)
05 石芸　4책(450)
05 石衣　4책(389)
05 石絶水者爲梁　3책(73)
09 砍木聲　2책(345)
10 砠　4책(167)
11 硈　2책(145)
11 硈然堅固　2책(145)
14 碩　1책(108)
15 磌　1책(162)
15 磋　3책(162)
15 礫　3책(338)
15 礫狗　3책(338)
16 磨　3책(162)
16 礉　4책(160)
18 礜　4책(161)
19 礁石　4책(49)

示

05 示　2책(27)
08 祁祁　2책(304)
08 祀　1책(242), 3책(269)
08 礿　3책(330)
09 祈　1책(164), 2책(200)
09 祉　1책(240)
10 祔　1책(362)
10 祓　1책(240)
10 祓祿康矣　1책(241)
10 祠　1책(242), 3책(330)
10 祠之言食　3책(330)
10 神　1책(210, 332, 338)
10 神龜　5책(269)
10 神罔時恫　2책(216)

10 祖　1책(98, 362)
10 祖王父也　2책(427)
10 祇　1책(244)
10 祝栗　4책(76)
10 祝祭於祊　3책(51)
10 祜　1책(240, 254)
11 祪　1책(362)
11 祥　1책(124), 2책(87), 3책(259)
11 祥吉之先見　2책(87)
11 祭　1책(242), 2책(339), 3책(359)
11 祭馬祖也　3책(342)
11 祭名　3책(350)
11 祭山　3책(336)
11 祭星日布　3책(338)
11 祭五帝　3책(158)
11 祭者叫呼而請事　2책(200)
11 祭地　3책(334)
11 祭之明日　3책(346)
11 祭天　3책(333)
11 祭川　3책(336)
11 祭風　3책(338)
13 禁　2책(66)
13 禁禦不若　1책(125)
13 禁制　2책(66)
13 祺　2책(87)
13 祿　1책(240), 2책(78)
14 福　1책(240), 2책(341)
14 福履綏之　1책(241)
14 福履將之　2책(78)
14 禋　1책(242)
14 禋于六宗　1책(242)
14 禘　3책(344)
15 禡于所征之地　3책(340)
15 祼　1책(240)
16 禦　2책(66), 3책(126)
17 禧　1책(164, 240)

18 禮   2책(194), 2책(79)
18 禮可以履行   2책(79)
18 禮器也   3책(80)
22 襘   1책(242)

內

05 𤓰   5책(447)
09 禹貢   4책(34)
09 禹拜昌言   1책(292)
13 禽   5책(386)

禾

07 私   2책(177, 437)
07 秀   4책(482)
08 秉   1책(310)
09 科斗   5책(231)
09 秏亦虛意   3책(311)
09 秋   3책(244, 253, 351)
09 秋獵曰獮   1책(182)
09 秋爲萵   4책(466)
09 秋祭   3책(331)
09 秋之言揫   1책(214)
09 秋鴈   5책(328)
09 秋華菊   4책(391)
10 秬   4책(317)
10 秠   4책(317)
10 秫   1책(329)
10 秦   4책(31)
10 秦時有騏蹄苑   5책(485)
10 秦惠文王   4책(112)
10 秩   1책(138)
10 秩秩   2책(282, 366)
10 秩秩   5책(364)
10 秫   4책(276)

12 稌   4책(320)
12 稂   4책(445)
12 稅   1책(313)
13 稔   2책(49)
13 稚   2책(31)
14 種調   2책(332)
14 稱   2책(104)
14 稱夫之母   2책(448)
15 稽久   1책(299)
15 稻   4책(320)
15 稻田塍埒   4책(92)
15 稷   4책(273)
15 積   2책(154)
16 穆穆   1책(205), 2책(283)
16 積薪燒之   3책(333)
16 積聚緻   2책(335)
16 積土四方   3책(33)
17 穗間有華   4책(376)
18 穄穄   2책(333)
18 穢草   4책(311)
19 穧   1책(340)
19 穨   3책(282)
19 穜   2책(335)
19 穜穀   5책(281)
20 穮   2책(333)
22 穰穰   2책(341)

穴

05 穴乳   5책(345)
05 穴入地三四尺   5책(372)
05 穴出   4책(185)
07 究   1책(135), 2책(54)
07 究究   2책(320)
08 空   1책(211)
08 空桐   4책(83), 4책(85)

08 空手執也　2책(399)

08 空中可啖　4책(479)

08 穹　1책(108)

08 穹隆　1책(109)

08 穹蒼　3책(243)

09 突　3책(36)

09 穿牆棲鷄　3책(35)

09 穿地而流　4책(186)

10 窈窕開隙　2책(182)

11 窒　2책(67), 3책(273)

14 窓東戶西也　3책(13)

15 窮　2책(54)

15 窮瀆　4책(128, 165)

15 窮盡　2책(54)

16 窶　2책(83)

18 竇　1책(267)

22 竊丹　5책(328)

22 竊藍　5책(328)

22 竊毛而黃　5책(429)

22 竊衣　4책(343)

22 竊脂　5책(303, 328)

22 竊淺也　5책(408)

22 竊玄　5책(328)

22 竊黃　5책(328)

立

05 立死　5책(100)

10 竝　2책(229)

10 竝兩船　2책(107)

10 竝坐鼓瑟　2책(230)

11 竟界　1책(291)

11 章　4책(147)

11 章丘　4책(98)

12 童粱　4책(445)

12 竣　1책(247)

12 竦　1책(225)

12 竦翅上下　5책(375)

14 竭　1책(303)

14 端緒　1책(128)

17 翌　1책(247)

20 競　2책(65)

6획

竹

06 竹　4책(290, 302)

06 竹豆　3책(82)

06 竹類　4책(428, 429, 430)

06 竹萌　4책(289)

06 竹前　3책(126)

06 竹箭　4책(46)

08 竺　1책(254)

09 竿　3책(187)

10 笑　1책(149)

11 第　3책(125)

11 笙鏞以間　3책(212)

11 第　3책(188)

12 筋角　4책(52)

12 筍　4책(289), 4책(430)

12 筵　3책(47)

12 筑　2책(125)

12 筆　3책(165)

12 筊　3책(215)

13 築中　4책(429)

13 筮龜　5책(272)

14 管長尺　3책(217)

14 箕　3책(308)

14 算　1책(329)

14 箚　1책(108)

14 箚義未聞　1책(109)

11 緋韡也 4책(213)

11 細莖大葉 4책(246)

11 細栗 5책(22)

11 細葉 4책(337, 342, 345), 5책(19)

11 細葉赤莖 4책(438)

11 細腰蠹 5책(182)

11 細作 2책(239)

11 細枝翹繚上句者 5책(116)

11 細貝 5책(252)

11 紹 1책(158)

11 紹介 1책(199)

11 紹者 4책(307)

11 紹猒 4책(307)

11 紫蕢 4책(435), 4책(442)

11 紫磨金 3책(158)

11 紫色 4책(327)

11 紫赤可啖 5책(87)

11 紫赤華 4책(420)

11 紫華 4책(286, 337)

11 紫黑色 4책(56)

11 紫黑色 5책(63, 448)

11 組似組 4책(461)

11 終竟 2책(276)

11 終南山道名畢 4책(123)

11 終不可諼兮 2책(380)

11 終風且霾 3책(286)

11 終風且曀 3책(287)

11 終風且暴 3책(286)

11 紩 2책(233)

12 絳 3책(180)

12 絳練也 3책(366)

12 結縷 4책(382)

12 絞 2책(171)

12 絡幕草上者 5책(172)

12 絶 1책(323), 3책(227)

12 絶高爲之 4책(95)

12 絶有力 5책(392, 394, 395, 397, 398, 403, 490, 527)

12 絶澤 3책(167)

12 経 4책(294)

12 絜 4책(237)

12 絜清 1책(305)

13 經 2책(85, 262), 3책(194)

13 綏 1책(277)

14 絢 2책(171)

14 綠色 5책(134)

14 綠耳 5책(488)

14 綸 1책(367), 2책(269)

14 綸似綸 4책(461)

14 綏 3책(178), 4책(272, 461)

14 緘 2책(409)

14 綾 1책(158), 3책(119)

14 綾繫 4책(213)

14 維 1책(369, 370)

14 維秬維秠 4책(317)

14 維連四船 4책(215)

14 維絲伊緝 2책(270)

14 維王之邛 1책(234)

14 維以縷 3책(366)

14 維周之翰 1책(288)

14 綽 2책(272), 2책(309)

14 綴集異聞 1책(84)

14 緇廣充幅長尋 3책(369)

14 緇衣之蓆兮 1책(109)

14 綝 1책(124)

15 練旒九 3책(366)

15 緜馬 4책(464)

15 緜緜 2책(333)

15 緝 2책(269)

15 緒 1책(128, 174)

15 緣 3책(115)

15 緣飾 2책(97)

15 緩　2책(223, 257, 309)
15 緩罟　3책(94)
15 緝熙　1책(201)
15 緻密　2책(251)
15 編二十三管　3책(215)
15 緯　3책(151)
16 縊女　5책(165, 166)
16 線　3책(179)
16 縣　5책(495)
16 縣鈴於竿頭　3책(372)
16 縣危　2책(289)
16 縣以吉玉　3책(336)
16 縣鐘磬之木　3책(153)
16 縣出　4책(184)
17 緂　2책(151), 3책(119)
17 緂綏　4책(213)
17 繁　4책(444)
17 繁蠻　5책(509)
17 繁茂　1책(213)
17 縫飾羔皮之名　2책(409)
17 縫紩衣爲帑　2책(233)
17 纒　4책(464)
17 緆　1책(152, 232, 324, 339)
17 緆帶以上爲厲　4책(208)
17 緆膝以上爲涉　4책(208)
17 緆膝以下爲揭　4책(208)
17 緆自也　4책(208)
17 績　1책(158, 174, 272~274)
17 縛　3책(151)
17 縱　1책(351)
17 縱放　1책(351)
17 總絶代之離詞　1책(69)
17 縮　1책(351, 367), 5책(379)
17 縮之　3책(108)
17 縮版以載　3책(108)
18 繡刺黼文以褊領　3책(115)

19 繳繩之　3책(169)
19 繭緒　4책(464)
19 繫　3책(119)
19 繫於體　3책(119)
19 繫英　5책(316)
19 縶　3책(98)
19 縫　3책(178)
19 繩索　4책(445)
19 繩之　3책(108)
19 繹　1책(170), 3책(346)
19 繹繹　2책(331)
20 繼　1책(158)
20 繼英　5책(186)
20 繼旒　3책(369)
20 纀　3책(119)
20 纂　1책(158)
20 繻　3책(180)
20 繻帛縿　3책(365)
21 續　1책(158, 361)
21 續斷　4책(378)
21 纛索　4책(213)
21 纙蔓林樹而生　5책(45)
23 纖細似龍須　4책(261)
23 纖頂者　4책(90)
25 纛　2책(258)

缶

06 缶　3책(84)
17 罄　1책(211)
19 罃　1책(211)
21 罍　3책(110)
21 罍形似壺　3책(111)

网

07 罕 　1책(280)
08 罔 　2책(46)
08 罔有攸赦 　2책(46)
10 罘 　3책(98)
10 罞 　3책(97)
10 置 　3책(97)
12 罩 　3책(98)
13 罩 　3책(95)
13 罬 　3책(98)
13 置之于山 　3책(336)
15 罶 　2책(415), 3책(94)
16 罹 　1책(232)罹 　2책(184)
16 罹禍毒也 　2책(352)
16 罺 　3책(95)
17 罽 　2책(116)
17 罾 　3책(98)
19 羅 　3책(96), 5책(160)
19 羅絡之 　3책(96)
19 羅生而毛 　4책(464)
19 羆 　5책(424)
20 羉 　3책(94)
24 羈 　3책(97)
24 羈坅 　4책(163)

羊

06 羊 　5책(473, 533)
06 羊桃 　4책(456)
06 羊六尺 　5책(548)
06 羊屬 　5책(537)
06 羊矢棗 　5책(63)
06 羊蹄 　4책(363)
06 羊棗 　5책(63)
06 羊齒 　4책(464)

09 美 　1책(205), 2책(298)
09 美女 　2책(390)
09 美髦鬣 　5책(509)
09 美士 　2책(391)
09 美盛之貌 　1책(206)
09 美玉名 　3책(163)
09 美人虹 　3책(290)
09 美樅 　4책(152), 5책(104)
10 羖 　5책(535)
10 羔裘之縫也 　2책(409)
10 粉 　5책(533)
11 羞 　1책(197)
11 羚 　5책(536)
12 羨 　1책(176)
13 群飛 　5책(339)
13 群臣之側位也 　3책(48)
13 群行聲 　3책(361)
13 羨蟬鳴自得 　2책(353)
13 義訓 　1책(84)
15 羬 　5책(548)
15 羱 　5책(534)
16 羱 　5책(435)
18 羱羊 　5책(536)
19 羹 　3책(140)
19 羹魚 　4책(449)
19 羷 　5책(536)

羽

06 羽 　3책(194)
06 羽葆幢 　2책(258)
06 羽本 　3책(151)
10 翅尾項脅毛紫赤色 　5책(352)
11 翔 　5책(491)
11 習 　1책(298)
11 習習谷風 　3책(280)

11 翟狎　2책(161)

11 翌　2책(208)

11 翌日乃瘳　2책(208)

12 翔　5책(376)

12 翕　1책(153)

12 翕翕　2책(363)

13 獒　1책(337)

14 翩　2책(258)

14 翠　5책(344)

14 翠微　4책(149)

15 蠢醜鏄　5책(193)

15 翦　1책(236), 2책(48)

15 翦刀爲剺刀　2책(49)

15 撥　5책(375)終　5책(82)

15 翬　5책(366, 376)

16 翰　1책(288)

16 翮　3책(151)

17 翳　2책(258), 5책(101)

17 翼　1책(244)

17 翼翼　2책(284)

18 翹　3책(208)

18 翹翹　2책(288)

18 翹搖車　4책(337)

18 翻車　3책(98)

老

06 考　1책(274), 2책(418)

06 考方國之語　1책(84)

06 考妣延年　2책(419)

06 老　1책(143), 2책(168)

06 老鴟　5책(340)

06 老乃皮粗皵者　5책(77)

06 老薺　4책(263)

10 耆　1책(143, 327)

11 耆　1책(143)

12 耊　2책(168)

而

06 而難任人　1책(344)

耒

10 耕　2책(330)

11 耟　2책(329)

耳

10 耿黽也　5책(235)

11 聊　5책(34)

11 聊以固吾圉也　1책(291)

13 聘　2책(205)

13 聖　2책(148)

14 聚　1책(214)

14 聚生成房貌　5책(111)

14 聚石水中　3책(73)

14 聚積柴木於水中　3책(96)

17 聲　2책(20, 137)

17 聲如小兒啼　5책(267)

17 聲音　2책(137)

17 聰明鑒察　2책(281)

17 聰明睿智曰獻　2책(148)

17 聰聽祖考之彝訓　2책(419)

18 職　1책(138, 171), 2책(96)

18 職勞不來　1책(236)

18 職爲亂階　1책(171)

聿

06 聿嬪于京　2책(419)

12 肅　1책(195, 216, 218), 2책(20)

12 蕭蕭　2책(283, 284)

12 蕭嘯和鳴　2책(20)

13 肆　1책(251, 253), 2책(113)

14 肇　2책(89)

14 肇　1책(98, 135)

14 肇牽車牛　2책(89)

肉

06 肌膚若冰雪　3책(139)

06 肉　3책(133, 136, 140, 141)

06 肉袒也　2책(398)

06 肉倍好　3책(175)

06 肉鞍一邊　5책(522)

06 肉醬　3책(141)

06 肉好若一　3책(176)

06 肉臞也　3책(140)

06 肉黃　5책(202)

07 肜　3책(347)

08 肩　1책(179, 181, 293)

08 肩卽剋耳　1책(179)

08 肯　2책(157)

08 肬　1책(254)

08 肥　4책(191)

08 肥美多鯁　5책(220)

08 肬輔　1책(254)

08 育　1책(327, 334)

08 肴　2책(166)

09 背公恤私曠職事　2책(363)

09 背上綠色　5책(291)

09 背上有文　5책(336)

09 背上有二十七鉏鋙刻　3책(224)

09 背上蒼艾色　5책(352)

09 背脊毛黃　5책(508)

09 胚胎未成　1책(98)

09 背皮如鮐背　1책(143)

09 胥　1책(325, 331)

09 胥盟者何　1책(331)

09 胤　1책(158)

09 胎　1책(98)

09 胎生　5책(214)

09 胡丘　4책(95)

09 胡豆也　4책(277)

09 胡不承權輿　1책(98)

09 胡蟬　5책(124)

09 胡蘇　4책(236)

09 胡蘇亭　4책(236)

09 胡臬　4책(440)

10 能　2책(208), 5책(239)

10 能食蛇腦　5책(140)

10 能言語　5책(458)

10 能舐食銅鐵及竹骨　5책(409)

10 能興雲霧而遊其中　5책(262)

10 脂　3책(138)

10 脂膏　3책(139)

11 脚　2책(242)

11 脚高　5책(294)

11 脚近尾　5책(338)

11 脚短　5책(352)

11 脚似狗　5책(422)

11 脚似麢　5책(421)

11 脚所踐處　5책(391)

11 脚饒指　5책(459)

11 脚有三蹄　5책(441)

11 脚指間有幕蹼屬相著　5책(378)

11 脒　2책(43)

11 脬　5책(314)

11 脬項　5책(452)

11 脫衣而見體　2책(398)

11 脫之　3책(136)

13 腹　1책(254)

13 腹甲曲折　5책(271)

13 腹翅紫白　5책(291)
13 腹下白　5책(312)
13 腹下有火　5책(185)
13 腹下赤　5책(364)
13 腹下黃　5책(352, 536)
13 腰襄　5책(505)
13 腫節　5책(38)
13 腫足爲嶇　2책(384)
14 膏登也　3책(83)
14 膏中螢刀　5책(351)
15 膠　1책(202), 2책(193)
15 膝上皆白　5책(490)
17 膽之　5책(113)
17 膺　2책(69)
20 臚　2책(25)
22 臞　2책(43)
25 臠　3책(141)

臣

06 臣竭忠　2책(346)
06 臣盡力也　2책(346)
14 臧　1책(124)
17 臨　1책(263)
17 臨丘　4책(107)
17 臨河上　4책(177)

自

06 自　1책(133)
06 自家而出　1책(122)
06 自勉强　2책(306)
06 自勉彊　2책(65)
06 自奮舋動作　5책(477)
06 自脩也　2책(380)
10 臬　3책(31)

10 臭壞　3책(133)
10 臭如藥蕪　4책(340)
10 臭蟲　5책(121)
12 皋皋　2책(356)

至

06 至　1책(118)
06 至極　1책(109)
06 至微　2책(394)
06 至於玄月　3책(274)
06 至于大坯　4책(137)
06 至掌　5책(179)
06 至秋老成　4책(467)
06 至河乃復　2책(15)
10 致　2책(21)
14 臺　2책(195), 3책(33, 76), 4책(323)
14 臺可以爲禦雨笠　4책(323)
14 臺上起屋　3책(34)
16 臻　1책(118, 324, 360)

臼

11 舂鉏　5책(360)
13 舅　2책(434, 448)
13 舅之子　2책(436)
14 與　1책(300)
14 與子宜之　2책(166)
16 興　1책(311), 2책(14)
16 興於中古　1책(82)
16 興作貌　1책(293)

舌

08 舍　1책(313)
12 舒　1책(128), 2책(257)

12 舒翯   5책(293)
12 舒鴈   5책(292)
12 舒而脫脫兮   2책(257)

舛

14 舞   2책(377)
14 舞也   2책(406)
14 舞者吁嗟而請雨   2책(377)
14 舞者之容   2책(406)

舟

06 舟   2책(107)
10 般   1책(129)
10 般   2책(266)
10 般馬之聲   2책(266)
10 舫   2책(107, 128)
11 船   5책(17)
15 艤   1책(118)

艮

07 良   1책(359)
07 良士節儉   2책(312)
17 艱   1책(342)

色

06 色白   4책(227)
06 色似鶉   5책(288)
06 色小白   5책(12)
06 色容不盛   1책(227)
06 色有深淺   5책(509)
06 色蒼黑   5책(450)

艸

06 艾   1책(327, 328, 331, 334), 4책(328)
06 艾蒿   4책(328)
06 芀熒   4책(302)
06 芳   4책(469, 471)
06 芳秀   4책(471)
07 芭   4책(316)
07 芒草   4책(408)
07 芍   4책(309)
07 芷   4책(433)
07 芐   4책(437)
07 芄蘭   4책(345)
08 芌輿   4책(405)
08 芙芫   4책(304)
08 芙明也   4책(305)
08 芹   4책(375)
08 芹茱   4책(375)
08 芨   4책(395)
08 芼   2책(260)
08 芙渠   4책(353)
08 芙蓉   4책(354)
08 茉苣   4책(459)
08 苐   2책(264)
08 芋   4책(476)
08 芣   4책(312, 468)
08 芸精   2책(334)
08 芝   4책(288)
08 芫   4책(463)
08 芴   4책(298)
09 苛   2책(120, 263)
09 茄   4책(354)
09 苛刻   2책(120)
09 苦   1책(315), 2책(55)
09 苦菫   4책(388)
09 苦茶   5책(95)

10 草菜可食者　3책(260)
10 芜蔚也　4책(271)
10 莖　5책(30)
10 莖藷　4책(409)
10 莖著　5책(29)
10 荄　4책(480)
10 荊　1책(146, 176)
10 荊葵也　4책(327)
10 荊桃　5책(57)
10 荊山　4책(14)
10 荊州　4책(14, 17)
10 荊州謂之欒　4책(154)
10 荊楚人皆云遷　2책(131)
10 荊楚人呼牽牛星　3책(324)
10 荊巴　5책(173)
10 荒　2책(18), 3책(261)
11 莖頭　4책(468)
11 莖頭有臺似薊　4책(312)
11 莖毛黑　4책(368)
11 莖似葛　4책(330)
11 莖赤有節　4책(458)
11 莖中有瓤　4책(332)
11 莖下白蒻在泥中者　4책(354)
11 莙　4책(370)
11 莛　4책(349)
11 茶　4책(269, 469)
11 莫供職也　2책(363)
11 莫不善之　3책(255)
11 莫之敢尸　1책(171)
11 莫知我勌　1책(234)
11 莫猭　5책(153)
11 莓　4책(447)
11 茵　4책(325)
11 莯萸　4책(306)
11 莎雞　5책(161)
11 莎蔖　4책(351)

11 茜　4책(335)
11 莪　4책(292)
11 莪蒿也　4책(292)
11 莞　4책(352)
11 莞藺　4책(433)
11 莞屬也　4책(261)
11 莞蒲　4책(352)
11 莠類　4책(446)
11 筠　4책(478)
11 莊　3책(66)
11 茱　5책(111)
11 茱萸子　5책(111)
11 莸藩　4책(346)
11 荷　4책(353, 354)
11 莕　4책(295)
11 莧　4책(365)
11 荚有毛刺　5책(45)
11 莃　4책(374)
12 萯　4책(397)
12 菅　4책(296)
12 菊　4책(399)
12 菤耳　4책(440)
12 菌　4책(421, 422)
12 菫　4책(395)
12 菣　4책(256)
12 葵　2책(162)
12 葵　4책(473)
12 葵草色如雛　2책(163)
12 菉　4책(254)
12 菉蓐也　4책(254)
12 菁　4책(428)
12 莣　4책(444)
12 莣草　4책(445)
12 萌萌　2책(305)
12 莜蒨　4책(406)
12 菋　4책(409)

12 莽　4책(284)
12 莽云不逮　2책(139)
12 薔　4책(299)
12 菲　4책(298, 364)
12 菔宜爲服　4책(286)
12 薪蒸　4책(262)
12 堯　4책(279)
12 蕿苨　4책(293)
12 茱茹之總名　3책(155)
12 茱謂之藑　3책(155)
12 萋萋　2책(346)
12 萑　4책(271)
12 蕺　4책(423)
12 萑　5책(340)
12 蕾　4책(73)
12 莬瓜　4책(281)
12 莬瓜似土瓜　4책(281)
12 莬葵　4책(374)
12 莬絲　4책(392)
12 莬荄　4책(281)
12 莬奚　4책(420)
12 莬葵　4책(281)
12 萍　4책(372)
12 菡萏　4책(355)
12 華　2책(274), 4책(472, 476, 481, 482)
12 華白　4책(456)
12 華山　4책(48, 171, 461)
12 華色異　4책(424)
12 華生節間　4책(271)
12 華小而白　4책(404)
12 華如木槿華　4책(397)
12 華容　4책(34)
12 華容縣　4책(33)
12 華爲荂　4책(481)
12 華陰山　4책(131)
12 華而不著子　5책(36)
12 華紫赤色　4책(364)
12 華紫縹色　4책(376)
12 華朝生夕隕　4책(250)
12 華之　5책(113)
12 華黃白異名　4책(322)
13 葭　4책(472)
13 勤　4책(246, 262)
13 腑　4책(302)
13 葵　2책(138)
13 落　1책(98, 162), 5책(24)
13 落帚　4책(253)
13 葵　4책(286)
13 董　1책(348)
13 董澤之蒲　5책(41)
13 落時　3책(21, 22)
13 菜　4책(281)
13 萬物以嘉　3책(255)
13 萬物蒼蒼然生　3책(243)
13 萳　4책(407)
13 薔　4책(299, 322)
13 葑蓗　4책(334)
13 葉大　4책(370)
13 葉似韭　4책(325)
13 葉似大豆　4책(349)
13 葉似桃　4책(456)
13 葉似柳　4책(388)
13 葉似荏　4책(271)
13 葉似竹　4책(300)
13 葉似荷　4책(458)
13 葉似龗而大　4책(389)
13 葉狀如藜　4책(374)
13 葉細　4책(363)
13 葉細銳似芹　4책(285)
13 葉小如荾狀　4책(340)
13 葉新生可飼牛　5책(19)
13 葉如韭　4책(347)

13 葉銳而黃　4책(451)
13 葉又翹起　4책(327)
13 葉圓銳　4책(368)
13 葉圓而岐　5책(51, 80)
13 葉圓而毛　4책(330)
13 葉圓而厚　5책(53)
13 葉有似於舌　4책(465)
13 葉長而銳　4책(376)
13 葉狹而長　4책(300)
13 葉黃銳　4책(305)
13 蔞繞　4책(451)
13 葦　4책(473)
13 葦醜　4책(471)
13 著車衆環　3책(127)
13 葅食　4책(404)
13 著雍　3책(264)
13 著子　4책(307)
13 著莢　5책(92)
13 葥　4책(253, 387)
13 葱　3책(180)
13 萩　4책(454)
13 葳　4책(303, 435)
13 萹　4책(368)
13 萹蓄　4책(302)
13 葓　4책(372)
13 菭　4책(465)
13 葟　4책(476)
13 葟華榮　2책(275)
13 葰　2책(373)
14 蓋　2책(73, 215), 4책(421)
14 蓋舅出　2책(438)
14 蓋依此名　4책(139)
14 蒇蒞　4책(394)
14 蒹　4책(472)
14 蒢　4책(263, 410)
14 蒿　4책(246, 352)

14 蒿謂其頭臺也　4책(352)
14 蒙　2책(18), 4책(392, 438)
14 蒙貴也　5책(448)
14 蒙蘢　1책(285)
14 蒙昧　3책(288)
14 蒙汜　4책(83, 84)
14 蒙頌　5책(448)
14 蒙華　4책(383)
14 蒡　4책(334)
14 蒐　1책(214), 3책(351)
14 蒠菜　4책(364)
14 蓊臺　4책(468)
14 蓐　3책(185)
14 蓐席　3책(185)
14 蓷　4책(246)
14 蒸　1책(242), 3책(331)
14 蓁蓁　2책(301)
14 蒺藜　4책(342), 5책(140)
14 蓳　4책(359)
14 蒼白色　5책(359)
14 蒼白雜毛　5책(511)
14 蒼色　5책(466)
14 蒼天　3책(243)
14 蒼黑色　5책(333)
14 蒲　4책(352)
14 蒲盧　5책(182)
14 蒲柳　5책(41)
14 蒿　4책(256, 454, 467)
15 薔　4책(349)
15 蓮　4책(355)
15 蓮實　4책(448)
15 蓮謂房也　4책(355)
15 蓮中子也　4책(356)
15 蔇　4책(336)
15 蔓蒿　4책(449)
15 蔆　4책(384)

15 薐也　4책(305)
15 薐茗　4책(322)
15 蔓生　4책(337, 345, 409, 438)
15 蔓延相被及　2책(57)
15 蔓延生　4책(349, 458)
15 蔓于　4책(335)
15 蔓華　4책(383)
15 穅　4책(419)
15 蔤　4책(354)
15 蔛藬　4책(306)
15 蔜蔜　4책(449)
15 蔏陸　4책(371)
15 蔏藋　4책(255)
15 蔏藋亦似藜　4책(255)
15 蔬不熟　3책(260)
15 萩者　3책(155)
15 蓨　4책(315, 393)
15 菣　4책(331, 419)
15 蔚　4책(257)
15 黃　4책(281)
15 蒝　4책(315)
15 蔦　5책(52)
15 蔠葵　4책(408)
15 蘆　4책(336)
15 蔆蕩　4책(371)
15 蓷　4책(271)
15 藁　4책(424, 469)
16 蕡　4책(365)
16 蕎　4책(443)
16 蕨　4책(435, 441)
16 蕨攗　4책(384)
16 蕀菀　4책(451)
16 蕪　1책(213)
16 蕪菁　4책(364)
16 蕪菁屬　4책(286)
16 蕧　4책(399)

16 蕢　5책(85)
16 蔦　4책(348)
16 蕈　4책(261)
16 蕭　4책(454)
16 蕭繭　5책(192)
16 蕭葉　5책(192)
16 蔉蕽　4책(331)
16 藻　4책(348, 476)
16 蕇　4책(328)
16 蕛　4책(311)
16 蕛似稗　4책(311)
16 蔽　1책(267), 3책(126)
16 蔽膝也　3책(118)
16 蔽翳　2책(258)
16 蔽墍　4책(16)
16 蔽雲　3책(293)
17 蔽　4책(448)
17 蓟　4책(468)
17 薕　4책(472)
17 薕薍　4책(472)
17 薇　4책(426)
17 薄言觀者　1책(223)
17 薜　4책(248, 297, 331, 427)
17 薛　4책(386)
17 蔵蕪　4책(362)
17 薆　2책(84)
17 薍　2책(162), 4책(473)
17 薏　4책(356)
17 薔　4책(315)
17 蕭蕫　4책(310)
17 薦　1책(170, 195, 360), 4책(260)
17 蕩　4책(371)
17 薳　4책(354)
17 薢茩　4책(304, 305)
17 薍　4책(350)
17 薍也者　4책(351)

17 薨　1책(374)
17 薨薨　2책(296)
18 摯　4책(325)
18 藕車　4책(405)
18 蕫芧　4책(322)
18 藙姑　4책(412)
18 驁　4책(434)
18 藁蒿　4책(292)
18 貌　4책(402)
18 貌貌　1책(205)
18 鼪　2책(67)
18 鼪也　2책(115)
18 劃　4책(325)
18 盉　1책(195)
18 藏　2책(90)
18 藏以爲菹　4책(334)
18 薺苨　4책(293)
18 薺實　4책(359)
18 薺子名　4책(360)
18 藻　4책(370)
18 藻　4책(373)
18 薰　2책(319)
19 潭　4책(389)
19 藩　2책(121)
19 藩籬　2책(121)
19 蕡　4책(377)
19 遬　4책(439)
19 藪厚也　4책(40)
19 藥草　4책(455)
19 藥草也　4책(300)
19 藕　4책(355)
19 藕紹緖如指　4책(479)
19 蕢　4책(376)
19 藨　4책(447, 469)
19 藨莓　4책(387, 447)
19 蘢　3책(154)

19 薜　4책(285)
20 蘄茞　4책(340)
20 蘆茈　4책(286)
20 薸　4책(346, 455)
20 蘆　4책(472)
20 蘆蕨　4책(286)
20 蘆虎　5책(306)
20 蘢　4책(334)
20 蘢葛　4책(438)
20 蘢鼓　4책(358)
20 蘢古　4책(358)
20 蘱蕭　4책(379)
20 蘋　4책(373)
20 蘇　4책(314)
20 蘇有毛　4책(334)
20 藹　5책(85)
20 藹藹　2책(293, 346)
20 蘊渝　4책(202)
21 蘷麥　4책(385)
21 蘷蔬　4책(338)
21 蘮蘇　4책(343)
21 蘜　4책(390)
21 蘠　4책(358)
21 蘦　1책(162), 4책(458)
21 蘦似地黃　4책(458)
21 虁　4책(426)
21 虁蕪　4책(340)
21 蘩　4책(256, 281)
21 蘩露　4책(408)
21 蘩蔠　4책(331)
21 蘩之醜　4책(466)
21 蘠　4책(280)
21 蘠蘼　4책(366)
22 蘵　4책(404)
22 蘵草　4책(404)
23 蘽　4책(398)

23 蘔　4책(281, 381)

23 蘿　4책(292), 5책(56)

23 蘱　4책(310)

24 薉　4책(396)

25 蘸　4책(473)

25 虌　4책(272)

27 虉　4책(441)

29 虋　4책(316)

29 虋冬　4책(366)

29 虊　4책(442)

虍

08 虎葛　4책(438)

08 虎豆　5책(45)

08 虎櫐　5책(45)

08 虎杖　4책(263)

08 虎梓　5책(50)

08 虎竊毛　5책(408)

08 虎爪　5책(430)

08 虎豹　4책(53), 5책(432)

08 虎豹之屬　5책(420)

08 虎懸　5책(124)

09 虐　2책(142)

10 虔　1책(202)

12 虛　1책(219, 265), 3책(311, 312)

12 虛山下基也　4책(227)

12 虛星之名　3책(312)

12 虛在正北　3책(311)

13 虞　2책(62)

13 虞蓼　4책(315)

13 號　2책(152, 377)

14 虜　3책(153)

16 虦貓　5책(408)

16 虥貓　5책(432)

17 虧　1책(168)

26 艫　5책(411)

虫

13 蛾　5책(160)

08 虹蛵　5책(154)

09 虹　2책(191)

09 虹也　3책(290)

09 虺牀　4책(418)

09 虺頹　1책(226)

10 蚐　5책(146)

10 蚚　5책(163)

10 蚊母　5책(350)

10 蚄　5책(238)

10 蚄長　5책(237)

10 蚍杯　4책(326)

10 蚍蜉　5책(167)

10 蚅　5책(187)

10 蚋　5책(188)

10 蚙蠪　5책(181)

10 蚆　5책(253)

10 蚢　5책(192)

11 蚶　5책(232)

11 蛄蟨　5책(137)

11 蚊　5책(133)

11 蛧魚　5책(160)

11 蚹蠃　5책(241)

11 蛇頸　5책(308)

11 蛇牀　4책(418)

11 蛇最大者　5책(263)

11 蚰蜒　5책(123)

11 蛄蟴　5책(157)

11 蚳　5책(169)

11 蚩　5책(124)

11 蚨蝪　5책(189, 190)

12 蛬　5책(143)

12 蛞蝼 5책(128, 132)

12 蛞蝠 5책(129, 185)

12 蛑 5책(153)

12 皇蠡 5책(147)

12 蛙類 5책(145)

12 蚜威 5책(177)

12 載 5책(156)

12 載屬也 5책(157)

12 蛭 5책(230)

12 蛭蝚 5책(179)

12 蛃 5책(146)

13 蛃蝒 5책(124)

13 蚸 5책(164)

13 蛑子 5책(137)

13 蛦蝼 5책(136)

13 蜉蝣 5책(132)

13 蠆 5책(238, 244)

13 蠆蚳醬 5책(169)

13 蜎 5책(228)

13 蛹 5책(164)

13 蛹蟲 5책(180)

13 蜓蛛 5책(124)

13 蜀 4책(146)

13 蜀雞 5책(545)

13 蜀葵 4책(397)

13 蜀亦孤獨 4책(146)

13 蜀人獻之 5책(297)

13 蜀人呼筆爲不律也 3책(165)

13 蜀子 5책(545)

13 蜀中出好者 4책(261)

13 蛭 5책(237)

13 蜆 5책(165)

14 蛵蛃 5책(128)

14 堅蚕 5책(151)

14 蜎 5책(254)

14 蜪蚅 5책(234)

14 蜚 5책(121)

14 蜱蛸 5책(139)

14 蜚卽負盤 5책(121)

14 蜤蠡 5책(148)

14 蜥蝪 5책(258)

14 蚣蝑 5책(148)

14 蚣蝑 5책(148)

14 蛋 5책(261)

14 蛋子 5책(261)

14 蜺 3책(290)

14 蜺 5책(124)

14 蜿蟺 5책(152)

14 蜼 5책(455)

14 蜩 5책(124)

14 蜻蛉 5책(155)

14 蜻蜓 5책(124)

14 蜘蝥 5책(171)

14 蛒 5책(156)

14 蛹 5책(242, 250)

15 蝎 5책(129, 176, 184)

15 蝒 5책(124)

15 蝮蜟 5책(142)

15 蝮屬 5책(261)

15 蝮虺 5책(264)

15 蝘 5책(124)

15 蝘蜓 5책(258)

15 蝝 5책(142)

15 蝸牛 5책(241)

15 蝯 5책(449)

15 蝚 5책(136)

15 蝭蟧 5책(124)

15 蝍蛆 5책(140)

15 蝍蝛 5책(181)

15 蝤蠐 5책(176)

15 蝙蝠 5책(346, 352)

15 蝦蟆衣 4책(459)

20 蠑螈　5책(258)
20 螬　1책(301)
20 螬蟗　5책(175)
20 蠼　5책(181)
21 蟻蠓　5책(188)
21 疈沒　1책(184)
21 蟊　5책(147)
21 蠱　1책(293, 319), 2책(379)
21 蠱動爲惡　2책(380)
22 蠦蜝　5책(121)
22 蠹　5책(168)
23 蠲　2책(99, 100)
23 蠱　1책(286), 3책(144)
23 蠢醜蝥　5책(194)
23 蠨　5책(130)
23 蠨蛥　5책(148)
23 蠨蠨　5책(182)
23 蠫　5책(168)
24 蠸　5책(135)
24 蠶　5책(191)
24 蠶類　5책(192)
24 蠶蛾　5책(161)
24 蠶蛹　5책(165)
27 蠿　5책(124)

血

12 衆　1책(221, 223), 2책(296, 335), 4책(276)
12 衆夥之貌　2책(296)
12 衆旒所著　3책(365)
12 衆婦　2책(449)
12 衆水濁淆　4책(228)

行

06 行　1책(258), 2책(39), 3책(63, 71)

06 行頭仰　5책(246)
06 行頭右庫　5책(247)
06 行頭低　5책(245)
06 行頭左庫　5책(247)
06 行而相値　1책(260)
06 行則搖　5책(311)
06 行屬　5책(328)
06 行或尼之　1책(268)
09 衍　1책(129)
12 衚門　3책(53)
16 衛　1책(146, 176, 290, 312)
16 衡山　4책(133)
16 衡山之陽　4책(17)
24 衢　3책(65)

衣

06 衣架　3책(187)
06 衣開孔也　3책(115)
06 衣縷也　3책(114)
06 衣梳　3책(114)
06 衣書中蟲　5책(160)
06 衣小帶　3책(117)
06 衣緣飾也　3책(115)
06 衣謂褌　4책(208)
06 衣昔　3책(116)
06 衣蔽前　3책(118)
06 衣後襟也　3책(116)
08 表白裏青　4책(300)
09 袚　3책(116)
09 袚裈　4책(414)
09 衿　3책(117)
10 袱　3책(115)
10 袍　2책(252)
10 被髮　5책(443)
11 袺　3책(117)

11 袞 2책(273)

11 袞衣有黻文 2책(273)

11 袿 3책(114)

11 袴 3책(117)

12 裂 2책(73)

12 裁 2책(229)

13 裾 3책(116)

13 袁 1책(214, 223)

14 裳削幅 3책(119)

14 裞 3책(114)

14 褑 3책(117)

14 褌 1책(205)

14 褔 2책(35)

16 褰裳也 4책(207)

16 褢驕 5책(504)

16 褢驕耳 5책(505)

16 褧 3책(115)

17 襄 2책(149, 243)

18 襟 3책(116)

18 禮裼 2책(398)

18 襜 3책(118)

20 襪 3책(114)

20 襭 3책(118)

22 襲亦重 4책(136)

24 襴 2책(252)

西

06 西南 4책(48)

06 西南隅 3책(15)

06 西陸 3책(318)

06 西陵 4책(40)

06 西方 4책(50, 58), 5책(367)

06 西方之宿 3책(318)

06 西伯堪黎 1책(179)

06 西北 4책(51)

06 西北隅 3책(16)

06 西嶽 4책(171)

06 西王母 4책(77)

06 西隃 4책(40)

06 西至日所入 4책(83)

06 西風 3책(280)

06 西河 4책(11, 15)

12 覃 2책(57)

18 覆 1책(321), 2책(40)

18 覆蓋 2책(215)

18 覆車 3책(98)

18 覆校 1책(321)

18 覆韛 4책(236)

18 覆盆 4책(394)

18 覆盎而大 4책(447)

7획

見

07 見 1책(260, 261)

07 見人則笑 5책(444)

12 視 1책(263)

12 視厓峻而水深者曰岸 4책(118)

12 視人顏色 2책(402)

13 覘 1책(331)

13 覰 1책(263)

16 親 2책(69)

16 親近也 1책(365)

16 親暱者亦數 2책(45)

16 親同姓 2책(422)

16 親屬 2책(178)

16 親癠 1책(227)

17 覯孶 1책(285)

18 觀 1책(261)

22 覶 1책(261)

25 觀　1책(223), 2책(27), 3책(52)

角

07 角　3책(161, 194, 301)
07 角弓　3책(170)
07 角頭有肉　5책(436)
07 角不齊　5책(535)
07 角三觰　5책(536)
07 角圓銳　5책(426)
07 角一俯一仰　5책(524)
07 角橢　5책(435)
07 角兀下繫於氐　3책(303)
12 觚竹　4책(77)
12 觜脚赤　5책(299)
12 觜曲　5책(303)
12 觜頭曲如鉤　5책(334)
12 觜蠵龜　5책(270)
13 觱角三匝　5책(536)
13 觬　5책(535)
13 觡　5책(525)
13 解　5책(395)
13 解能自張閉　5책(271)
15 觭　5책(524)
17 觳　1책(211)
20 觺　3책(161)

言

07 言　1책(189, 258, 265), 2책(238), 3책(215)
07 言辭辯給　2책(283)
07 言四宿也　2책(389)
07 言爲道所規畫　4책(101)
07 言而不信　1책(256)
07 言再宿也　2책(389)
10 訊　1책(164), 2책(218, 238)

10 訐　1책(108)
10 訏謨定命　1책(109)
10 訓　1책(324)
10 訖　1책(268)
11 訪　1책(135)
11 訪予落止　1책(98)
11 訪于辛尹　1책(135)
11 設　2책(86)
11 設敎令也　2책(360)
11 訟　2책(209)
11 訛　1책(258, 319), 2책(172)
11 訰訰　2책(314)
11 訒　1책(264), 2책(209)
11 訕譊　2책(209)
12 詐　1책(256)
12 詠斯猶　1책(339)
12 訛訛　2책(363)
12 詔　1책(198)
13 詢　1책(135, 146)
13 詢于八虞　1책(135)
13 試　2책(63, 94)
13 誅　2책(207)
13 詹　1책(118)
13 詥　2책(12)
13 話　1책(258)
14 誥　1책(164), 2책(64)
14 誑也　2책(412)
14 誓　2책(64, 107)
14 說物臭也　3책(131)
14 誠　1책(146, 148)
14 語之變轉　3책(165)
14 誘　1책(195)
14 誕　1책(108)
15 譽　2책(32)
15 誰　1책(204)
15 誰其尸之　1책(171)

15 誰昔　2책(413)

15 誰謂荼苦　4책(269)

15 諗　2책(213)

15 調均　2책(130)

15 調戲　1책(149)

15 請　1책(164), 2책(19)

15 諏　1책(135)

15 諏于蔡原　1책(135)

15 誣諉　2책(75)

16 謀　1책(135), 2책(147)

16 謀慮　2책(147, 231)

16 謀于南宮　1책(135)

16 謀而不忠　1책(256)

16 謔　1책(146, 148)

16 謁　1책(164), 2책(19)

16 謂　1책(236)

16 謂我舅者　2책(451)

16 謂慰岬也　2책(408)

16 諲　1책(244)

16 諸慮　5책(44, 131)

16 諸諸　2책(283)

16 諸娃　5책(360)

16 諸侯不享覲　1책(350)

16 諸侯維舟　4책(215)

16 諸侯娶一國　2책(439)

16 諜　2책(239)

16 諧　1책(207)

16 諼　2책(373)

17 講武　3책(364)

17 謟　1책(286)

17 諡　1책(160)

17 謝　5책(246)

17 謏　2책(14)

17 謠　3책(221)

17 謚　1책(160)

17 謔　1책(149)

17 謔謔　2책(361)

17 謞謞　2책(361)

18 謹　2책(64)

18 謨　1책(135, 256)

18 譚　2책(152)

19 譏無功德　2책(356)

19 譚公維私　2책(437)

20 譬況　2책(235)

21 護田鳥　5책(333)

23 變　2책(165)

23 變易　2책(165)

23 讎　1책(155)

谷

07 谷者　4책(129)

07 谷風　3책(279)

17 谿　4책(165)

17 谿壑也　1책(220)

豆

07 豆　3책(80)

15 豎角牛　5책(525)

18 豐　1책(213)

18 豐盛　1책(213)

22 豔　1책(250)

豕

07 豕　5책(441)

07 豕高五尺者　5책(403)

07 豕生三　5책(401)

07 豕首　4책(282)

07 豕子　5책(400)

11 豵　5책(403, 549)

11 犯　5책(403)

12 象　3책(161, 162), 4책(48)

12 象牙骨　4책(48)

13 豦　5책(454)

13 豜　5책(395)

13 豠　5책(402)

14 豨　5책(400)

14 豨首　4책(282)

16 豫　1책(129, 271, 277), 2책(25)

16 豫章　5책(37)

16 豫州　4책(13, 14)

16 豬　5책(400)

16 豬大者爲豝　5책(549)

16 豬頭　5책(441)

16 豬生子常多　5책(402)

16 豬生子義同　5책(540)

17 豱豬　5책(401)

17 豰　5책(420)

18 豵　5책(401)

19 豶豬　4책(476)

19 豶　5책(400)

19 豶子　5책(400)

20 豷　5책(400)

豸

07 豸　5책(199)

10 豺　5책(422)

10 豹文　5책(413)

10 豹文鼮鼠　5책(465)

10 豹白色者　5책(409)

10 豹鼠旣辬　1책(82)

12 豼　5책(413)

12 豼似虎而黑　5책(413)

12 豾貍　5책(416)

13 貉　1책(160, 367, 368)

13 貉爲貏貁　5책(417)

13 貄　5책(439)

13 貅子　5책(417)

13 貅醜　5책(446)

13 貆　5책(417)

14 貍　5책(446)

14 貍子　5책(416)

14 貌光宣　2책(381)

15 貅　5책(416)

16 貓羆　5책(425)

16 貓貜也　5책(450)

16 貒　5책(446)

16 貒豚也　5책(419)

16 貒子　5책(419)

16 貘鯊　5책(430)

17 貗　5책(420)

18 貘　5책(419)

18 貜　5책(409)

18 貙　5책(440)

18 貙獌　5책(423)

18 貙犴　5책(423)

18 貙虎也　5책(440)

18 貙虎之大者　5책(423)

21 貛　5책(417)

25 貜　5책(419)

25 貜狚　5책(458)

27 貜類也　5책(454)

27 貜父　5책(450)

貝

07 貝　5책(250)

07 貝母　4책(325)

07 貝中肉如科斗　5책(251)

09 負丘　4책(110)

09 負勞　5책(154)

09 負蠜　5책(147)

09 負而走　4책(58)

09 負一丘於背上　4책(110)

09 負雀　5책(299)

09 負版　5책(163)

10 貢　1책(123)

10 貢慕　5책(32)

10 財　2책(160)

11 貫　1책(174, 298)

11 貫渠　4책(368)

11 貫節　4책(368)

11 貫衆　4책(368)

11 貫忕　1책(298)

11 貧　2책(83)

11 貧陋　2책(83)

11 貪　2책(227)

11 貪羨　2책(228)

12 貴勇力　3책(362)

12 買　2책(159)

12 貿　2책(36, 159)

12 賣　5책(239)

12 貳　1책(286), 2책(48)

12 貽　2책(159)

12 貽貝　5책(252)

12 覘　1책(123)

13 賈　2책(36)

13 賈氏以爲如篪　3책(217)

13 資　2책(232)

13 資裝　2책(232)

13 賊　5책(196)

13 賄　2책(160)

14 賦　2책(122, 267)

14 賦稅所以評量　2책(122)

14 賦役不均　2책(348)

14 賓　1책(132)

14 賑　2책(134)

15 賡　1책(361)

15 賚　1책(123, 193)

15 賜　1책(123)

15 賜絹百匹　5책(465)

15 賜與　1책(123, 193)

15 質　1책(274)

15 質爾民人　1책(274)

15 賢士盛多之容止　2책(293)

15 賢士永哀念窮迫　2책(364)

15 賢士衆　2책(346)

15 賢人愁恨　2책(324)

15 賢人失志　2책(325)

15 賢人憂歎　2책(348)

15 賢者陵替姦薰熾　2책(363)

15 賢者憂懼無所訴也　2책(358)

17 購　4책(449)

17 購錢三千　5책(415)

19 賸　5책(250)

23 贇　5책(453)

赤

07 赤可食　5책(73)

07 赤莖者　4책(365)

07 赤莖節　4책(302)

07 赤棠　5책(43)

07 赤頭　5책(161, 166)

07 赤粱粟　4책(316)

07 赤李　5책(60)

07 赤鯉魚　5책(201)

07 赤苗　4책(316)

07 赤駮蚍蜉　5책(168)

07 赤奮若　3책(266)

07 赤棟　5책(80)

07 赤色叢生　4책(330)

07 赤色黑蠶　5책(493)

07 赤熊　5책(429)
07 赤蟲　5책(228)
07 赤枹薊　4책(419)
07 赤莧　4책(365)
07 赤華　4책(305, 451)
11 赦　1책(313)
14 赫赫　2책(308)
14 赫兮烜兮　2책(380)
16 赭白馬　5책(511)
16 䞓　3책(179)

走

07 走　2책(210), 3책(71)
09 赳赳　2책(292)
09 赴　1책(118)
10 起　2책(14)
10 起大事　3책(358)
12 越　2책(220)
12 越王約髮　4책(63)
14 趙李　5책(59)
17 趨　3책(71)
21 趯趯阜螽　5책(147)

足

07 足　2책(242)
11 趼　5책(484)
11 趾　2책(242)
12 跋　2책(173)
12 跋者迋跂者　1책(358)
13 跆　2책(173)
13 跨髀間　5책(493)
13 跪　2책(249)
13 路　1책(108), 3책(63)
15 踦　5책(492)

15 踏雪馬　5책(491)
15 踣　2책(187), 5책(100)
15 跳　2책(242)
15 踖踖　2책(295)
16 蹄也　5책(403)
16 蹄如趼而健上山　5책(485)
17 蹌蹌　2책(287)
18 蹢　5책(403)
18 蹙蹙　2책(364)
19 蹻蹻　2책(313)
19 蹶　1책(312, 319)
19 蹩　4책(58)
19 蹩鼠　4책(59)
19 蹴蹴　2책(295)
19 蹴洩　5책(64)
19 蹯　5책(446)
19 蹼　5책(377)
21 躍躍　2책(308)
21 蹻者何? 陛也　1책(301)
22 躓　2책(173)
22 躪　5책(391)

身

07 身　1책(189, 192), 2책(69)
07 身廣三寸　5책(264)
07 身狹而長　5책(132)
10 躬　1책(192)
10 躬親　2책(69)

車

07 車桼　4책(92)
07 車軏上環　3책(128)
07 車前　4책(459)
07 車渠　5책(251)

07 車前草　4책(459)

09 軌韇　4책(433)

10 軒于　4책(335)

13 較　1책(275)

13 載　1책(256, 258), 2책(74), 3책(270)

13 載弄之璋　2책(202)

13 載旆於竿頭　3책(371)

13 載弁俅俅　2책(114)

13 載轡　3책(127)

13 載歲也　3책(268)

13 載寔其尾　2책(173)

13 載獫歇驕　5책(541)

13 載鴻及鳴鳶　3책(373)

14 輕　2책(169)

14 輕遠如浮雲　2책(426)

14 輕疣者　2책(113)

14 輔　1책(289), 5책(42)

15 輩　1책(155)

15 輩者也　2책(396)

15 輟　1책(372)

16 輶　2책(169)

16 輯　1책(207)

17 輿　5책(295)

17 輿父　5책(135)

17 輿革前　3책(125)

20 轔　3책(127)

22 轡所貫也　3책(128)

22 轡首　3책(128)

22 轡靷勒　3책(128)

辛

07 辛苦　2책(55)

12 辜　1책(142), 3책(275)

13 辟　1책(105, 140, 142), 2책(270)

13 辠　1책(142)

16 辨　3책(189)

19 辭之雖也　2책(375)

21 辯　2책(283)

21 辯同實而殊號　1책(69)

辰

07 辰亦時也　2책(414)

10 辱　2책(244)

13 農夫　2책(72)

辵

07 迅　1책(216), 2책(308), 5책(397)

07 迅頭　5책(454)

07 迅走　5책(430, 443)

07 迅疾　5책(430)

07 迄　1책(118)

08 近　1책(365)

08 近上旁陂　4책(149)

08 近處優閑　2책(350)

08 返　2책(14)

08 迋　1책(357)

08 迎　1책(357), 2책(81)

08 迎迋　2책(81)

08 远　5책(398)

09 迫　2책(266)

09 述　2책(23)

09 迪　1책(197, 293, 324)

09 迭　2책(234), 3책(194)

09 迭食而迭望　4책(62)

09 迨　2책(109)

09 迨其謂之　1책(236)

09 迥　1책(166)

10 洒　1책(324)

10 逃　2책(237)

10 逃去　2책(187)

10 逃藏　1책(267)

10 迷　2책(265)

10 迷惛　2책(316)

10 送　2책(51)

10 逆　2책(81)

10 逆流百步　4책(210)

10 逆流而上曰泝洄　4책(220)

10 逆毛　5책(502)

10 逆子釘于南門之外　2책(81)

10 退　2책(210)

10 迴返也　2책(15)

11 途　3책(63)

11 途道　4책(100)

11 途卽道也　3책(63)

11 途出其右而還之　4책(100)

11 途出其前　4책(101)

11 途出其後　4책(102)

11 連山中斷絶　4책(159)

11 連錢驄　5책(509)

11 連茗　4책(380)

11 連草　4책(380)

11 逢　1책(259, 260)

11 逝　1책(122)

11 速　1책(216, 218), 2책(92), 5책(394)

11 速速　2책(364)

11 速也　2책(34)

11 連　3책(46), 4책(380)

11 連繫瑞玉　3책(178)

11 連觀　3책(46)

11 連歲不熟　3책(261)

11 連底挏之　3책(224)

11 逪　2책(155)

11 造　2책(52)

11 造設　2책(86)

11 逡　2책(210)

11 逐　1책(226), 2책(65)

11 通詁訓之指歸　1책(69)

11 通流　4책(186)

11 通名爲蔬　3책(260)

11 通方俗之殊語　1책(98)

11 通帛爲旃　3책(376)

11 通於谷　4책(129)

11 通正　3책(254)

11 通平暢也　3책(254)

12 逹　3책(67)

12 逸　2책(32)

12 進　1책(195, 197)

12 進品物也　3책(331)

12 逮　1책(300), 2책(38, 131, 139)

12 逌　2책(237)

13 過　2책(32, 185)

13 過辨　4책(187)

13 達北樵　3책(21)

13 道　1책(275, 324), 3책(63)

13 道光照　3책(254)

13 道路　3책(64)

13 道路所經過　2책(186)

13 道盛德至善　2책(380)

13 道水轉相灌注所入之處名　4책(218)

13 道人君者之德望　2책(343)

13 道出丘南　4책(101)

13 道出丘北　4책(102)

13 道學也　2책(380)

13 遂　2책(220)

13 遂憮大東　1책(117)

13 遂遂　2책(297)

13 遏　1책(268), 2책(38, 143)

13 遇　1책(259, 260), 2책(223)

13 運　1책(309)

13 違　1책(166)

13 遏　1책(166)

13 遏矣西土之人　1책(166)
13 遄　1책(216, 218)
13 逼　2책(266)
13 遅　1책(166)
14 遘　1책(259, 260)
14 溼　2책(131)
14 遜　2책(186)
14 遠　1책(166)
14 遠也　1책(166)
14 遠于將之　2책(51)
14 遠益急切　2책(348)
14 遠志　4책(451)
14 遞　2책(234)
15 遯　2책(186)
15 適　1책(122), 2책(197)
15 適意　2책(197)
15 遭讒賊　2책(353)
15 遮　3책(97)
16 選　2책(95)
16 選擇　1책(224)
16 遷　1책(260)
16 遼東　4책(45)
16 遺　1책(159)
16 遺我大寶龜　5책(271)
16 遵　1책(133), 5책(63)
16 遵彼汝濆　4책(196)
16 遲緩　2책(257)
16 遲遲　2책(304)
16 遷　1책(309)
16 遷徙　1책(310)
16 適　1책(133), 2책(23)
17 邌　2책(16)
17 邁　2책(39)
17 邀　2책(38)
17 還　2책(14, 266)
17 還味　5책(65)

18 邀邀　2책(315)
18 邇　1책(365)
19 邊　1책(290), 3책(175)
19 邊孔適等　3책(176)
19 邊旁　1책(291)
19 邊要棗　5책(61)
23 邐迤　4책(106)

邑

06 邛　1책(233)
06 邛鉅　4책(443)
06 邛邛岠虛　4책(58)
07 那　1책(152, 223, 324)
07 邠國　4책(76)
07 邪交落帶　3책(119)
07 邪僻　2책(318)
07 邑　2책(148)
07 邑居　2책(148)
07 邑外　4책(65)
07 邢侯之姨　2책(437)
08 邸　3책(183)
09 郊　4책(65)
09 郊外　4책(65)
09 郃　1책(153)
09 郃陽縣　4책(192)
10 邑　2책(74)
10 郝郝　2책(330)
11 郵　2책(185)
12 都　1책(152)
12 都丘　4책(99)
13 鄢陵縣　4책(37)
13 鄉　3책(47)
15 鄭　4책(38)
22 酈元　4책(16)

酉

07 酉由二音　3책(192)

09 畣　1책(373)

10 酒食也　2책(375)

12 酢　1책(282), 5책(16)

12 酢可食　5책(20, 56)

12 酢䤈　5책(74)

12 酢䤈可啖　4책(447)

13 酬　1책(282)

14 酸漿　4책(404)

14 酸漿草　4책(304)

14 酸棗　5책(62)

17 醜　1책(221)

17 醢　3책(141)

18 醫無閭　4책(45)

20 醴泉　3책(256)

25 釁　5책(477)

釆

08 釆　1책(174)

08 釆薪　5책(70)

08 釆謠俗之志　1책(84)

20 釋　1책(132)

20 釋詁　1책(94, 189)

20 釋古今之異言　1책(98)

20 釋丘　4책(86)

20 釋宮　3책(9)

20 釋器　3책(79)

20 釋木　5책(9)

20 釋山　4책(130)

20 釋水　4책(179)

20 釋獸　5책(390)

20 釋樂　3책(192)

20 釋魚　5책(200)

20 釋言　2책(9)

20 釋鳥　5책(277)

20 釋地　4책(9)

20 釋天　3책(229)

20 釋草　4책(245)

20 釋畜　5책(480)

20 釋蟲　5책(118)

20 釋親　2책(417)

20 釋訓　2책(279)

里

07 里　2책(148)

09 重　1책(210), 2책(141), 3책(194)

09 重襧衣裳　2책(253)

09 重光　3책(264)

09 重屋　4책(124)

09 重甗　4책(155)

09 重言之　2책(389)

09 重甗爲廡　2책(41)

09 重千斤　5책(521)

09 重疊　1책(210)

09 重厚　1책(254)

11 野　4책(65, 76)

11 野菅　4책(296)

11 野馬　5책(482)

11 野外　4책(65)

11 野牛筋角　4책(53)

12 量　2책(122)

18 釐　4책(383)

8획

金

08 金　3책(162)

08 金石　4책(48)

08 金鏃翳羽　3책(168)

10 釧　1책(184, 261)

10 釧我周王　1책(262)

11 釴　3책(146)

12 釟　3책(158)

12 鈑　3책(158)

13 鉅鹿　4책(30, 106)

13 鉅野縣　4책(28)

13 鉤　4책(312, 412)

13 鉤盤　4책(237)

14 餅金　3책(158)

14 銑　3책(167, 170)

14 銑卽美金　3책(167)

14 銚芅　4책(456)

14 銀　3책(157)

14 銓　2책(105)

14 銤　3책(148)

14 銜矢射人　5책(373)

15 鋤屬　3책(90)

15 銳上　3책(210)

15 銳而高　4책(141)

16 鋂翳　3책(168)

16 錫　1책(123), 3책(158)

16 錫爾玠珪　3책(174)

16 錯綜樊·孫　1책(84)

16 錯革鳥　3책(373)

17 鍠鍠　2책(340)

17 鍬鍤　3책(93)

17 鍭　3책(168)

18 鎪　3책(190)

19 鏤　3책(162, 190)

19 鏐　3책(157)

19 鎺　3책(25)

19 鏽　3책(212)

20 鐐　3책(157)

20 鐘鼓音　2책(340)

21 �　3책(92)

21 鐵聰　5책(508)

23 鑠　1책(205)

23 鑢　3책(127)

25 鑄　3책(212)

25 鐵峻　4책(141)

27 鑽之　5책(113)

28 钁也　3책(92)

28 鑱　3책(127)

28 鑿垣而棲　3책(35)

長

08 長　1책(176, 327)

08 長角　5책(130, 140)

08 長踦　5책(178)

08 長尾者　5책(365)

08 長婦　2책(449)

08 長婦謂稚婦　2책(440)

08 長數寸　5책(358)

08 長身者　5책(527)

08 長嬴　3책(254)

08 長二三丈　5책(212)

08 長杙　3책(55)

08 長一二尺, 可啖　4책(300)

08 長者　3책(31)

08 長者多更歷　1책(328)

08 長丈餘　4책(414)

08 長尺四寸　3책(208, 215)

08 長脊而泥　5책(451)

08 長尺二寸　3책(215)

08 長楚　4책(456)

08 長八尺一寸　3책(197)

08 長翰毛　5책(361)

08 長喙　5책(541)

12 駃　5책(261)
17 髽歎　1책(297)
17 髽　1책(297)

門

08 門　3책(51)
08 門闔　3책(54)
08 門橜　3책(55)
08 門橜也　3책(31)
08 門辟旁長橜也　3책(55)
08 門屛之間　3책(48)
08 門兩旁木　3책(20)
08 門外　3책(71)
08 門持樞者　3책(21)
08 門側之堂　3책(54)
08 門限　3책(20)
12 間　1책(265, 307), 2책(239)
12 間無雜木　5책(36)
12 間錯亦相代　1책(307)
12 開　2책(251)
12 閦　3책(53, 55)
12 閔　1책(226)
12 閉　3책(51)
12 閑　1책(298), 2책(147)
12 開　2책(182)
12 閑暇貌　2책(147)
13 閘　3책(38)
14 閣　3책(31)
14 閨　3책(53)
14 閤　3책(53)
15 閱　3책(39)
16 閼逢　3책(264)
16 閹茂　3책(265)
16 閾　3책(20)
16 閿　2책(219)

17 闊廣　5책(501)
17 闍　2책(195), 3책(33)
17 闇　2책(192)
17 闇亂　2책(314)
17 闌　3책(52)
17 闊　1책(166)
18 闕　3책(52)
18 闕洩多狃　5책(459)
18 闕而不論　1책(84)
18 闔　3책(54)
18 闖　3책(54)
19 關關　1책(208)
19 關西　4책(453)
21 闢　2책(251)
21 闢四門　2책(252)

阜

06 阢　4책(40)
07 阮阮　1책(219)
07 防　3책(44)
07 防隄　4책(153)
07 阪　4책(71)
08 阜　4책(69)
08 附耳外　3책(146)
08 阿　4책(69)
08 阿丘　4책(108)
08 阿那垂條　5책(111)
08 阿陽　1책(193)
08 阻　1책(342)
08 陂　4책(71)
08 陂陀不平　4책(71)
09 降　1책(162), 2책(111)
09 降婁　3책(316)
09 降此鞠訩　1책(264)
09 陋　2책(37)

09 陋人專祿國侵削　2책(364)

10 陘　1책(301)

10 除　2책(149)

10 陟　1책(301), 4책(136)

10 陟方乃死　1책(374)

10 陟彼阿丘　4책(108)

10 陟彼岨矣　4책(167)

10 陟彼崔嵬　4책(167)

10 陜而修曲　3책(76)

10 陘　4책(159)

11 陵　4책(41, 69)

11 陵丘　4책(107, 114)

11 陵犯　1책(179)

11 陵苕　4책(424)

11 陶丘　4책(89)

11 陶斯詠　1책(339)

11 陵龜　5책(271)

11 陵大阜也　4책(114)

11 陵時　4책(424)

11 陵夾水　4책(167)

11 陪　2책(119)

11 陪位爲朝　2책(119)

11 陸　4책(69)

11 陰白雜毛　5책(510)

11 陰祀用黝牲　3책(181)

11 陰而風　3책(286)

11 陰淺黑　5책(510)

11 陳　1책(170), 3책(62), 4책(115)

11 陳郡　4책(115)

11 陳敍也　2책(25)

11 陳鄭之間曰烈　1책(356)

11 陳楚之間相呼食爲饋　2책(53)

11 陳縣　4책(115)

11 陬　3책(273)

12 隆　4책(147)

12 隆於漢氏　1책(82)

12 隋　2책(192)

12 隋然　2책(192)

12 陽　1책(193), 3책(274)

12 陽溝　5책(550)

12 陽氣消也　2책(226)

12 陽羨縣　5책(239)

12 陽城縣　4책(174)

12 陽如之何　1책(193)

12 隈　4책(120, 122)

12 隉丘　4책(93)

12 隄　3책(72), 4책(126)

12 隍　1책(219), 2책(260)

13 隩　4책(155)

13 隕　1책(162, 336)

14 障　2책(254)

14 際　1책(337)

16 隨從　1책(210, 346)

16 隩　4책(120, 122)

16 險難　1책(342)

16 險者　5책(254)

17 隰　4책(69, 71)

17 隱　1책(267), 2책(37, 80, 84)

17 隱度　2책(80)

17 隱闇　3책(17)

17 隱荵　4책(334)

17 隱之考也　2책(419)

17 隱賑富有　2책(134)

17 隱蔽　2책(84)

隹

08 隹其　5책(278)

11 雀梅　5책(26)

11 雀麥　4책(280)

11 雀弁　4책(279)

11 雀屬也　5책(311)

12 雁門山　4책(41)

12 雄　5책(383)

12 集　2책(127)

12 集于灌木　5책(83)

13 雍容都雅之貌　2책(392)

13 雌　5책(383)

13 雌虹　3책(290)

13 雉　1책(170), 5책(360)

13 雉屬　5책(366)

13 雉絶有力　5책(365)

13 雉之幕子　5책(382)

15 雜　5책(545)

16 雎由　5책(191)

16 雕　3책(161, 184)

16 雕類　5책(284)

17 雛　2책(375)

18 雞　5책(544)

18 雞頭　5책(308)

18 雞山　4책(16)

18 雞三尺　5책(550)

18 雞少者曰健　5책(545)

18 雞屬　5책(546)

18 雞腸草　4책(331)

18 蓳　4책(345)

18 雙玉曰瑴　3책(150)

18 離渠　5책(311)

18 離州　4책(14)

18 雜骨醬　3책(141)

18 雜珠而精好　4책(50)

18 雜縣　5책(326)

18 雛　5책(324)

18 雛子名　5책(545)

18 䳄　5책(365)

18 䳄雉　5책(365)

19 難　1책(342)

19 離　2책(12), 3책(199)

19 離南　4책(332, 404)

19 離孫　2책(438)

雨

08 雨霓　3책(295)

08 雨自三日巳上爲霖　3책(298)

11 雩　2책(377), 3책(290)

11 雩之祭　2책(377)

12 雲夢　4책(33)

12 雲昏　4책(34)

12 雲孫　2책(426)

12 雲中　4책(34)

13 零陵人祖日貫之爲樹　4책(332)

13 雷之急激者　3책(294)

13 雺　3책(288)

13 雹葵　4책(286)

15 霄雪　3책(295)

15 霆霓　3책(294)

15 震　1책(225, 319)

15 震爲鼻足　5책(493)

15 震澤　4책(35)

16 霍　4책(157)

16 霍山　4책(50, 171)

16 霍首　4책(433)

16 霖　3책(298)

16 霜徹　2책(91)

18 朧霖　3책(297)

19 霧　3책(288)

21 霹靂　3책(294)

22 䲞　5책(398)

22 霾　3책(286)

24 靈　5책(245)

24 靈公有害狗　5책(549)

24 靈龜　5책(270)

24 靈龜負書　5책(271)

24 靈蠵   5책(270)

青

08 青   3책(180)
08 青驪   5책(508)
08 青驪騋   5책(508)
08 青驪繁鬣   5책(509)
08 青騽   5책(143)
08 青似翠   5책(287)
08 青陽   3책(252)
08 青雀   5책(303)
08 青州   4책(22)
08 青質五彩   5책(363, 366)
08 青蒿   4책(257)
08 青黃   4책(458)
13 靖   1책(135, 332)
16 靜   1책(160, 276)
16 靜定   1책(368)

非

08 非人爲之   4책(97)
08 非台小子   1책(189)
19 靡   2책(46)
19 靡不欽玩耽味   1책(84)
19 靡神不擧   2책(46)

9획

面

09 面纇皆白   5책(496)
09 面柔也   2책(402)
09 面柔之人常俯   2책(403)
09 面長脣黑   5책(444)

09 面娗然   2책(255)
16 靦   2책(255)

革

09 革   3책(128)
09 革中辨   3책(189)
09 革中絶   3책(189)
15 鞏   1책(202), 2책(145)
15 鞏用黃牛之革   1책(202)
15 鞬   3책(125)
16 鞘鞘佩璲   3책(149)
17 鞠   1책(264), 2책(31, 60)
18 鞠   2책(54)

韋

15 韐   3책(189)
19 韜旗之竿   3책(364)

韭

09 韭根爲薤   4책(480)
23 韰   4책(313)
23 韰荣也   4책(313)

頁

11 頂   2책(167)
11 頂上汚下者   4책(94)
11 頂平   4책(98)
12 須   4책(334, 362), 5책(478)
12 須贏   5책(351)
12 須屬   5책(478)
12 順   1책(128, 170), 2책(29)

12 順流而下日泝游　4책(220)
12 順流七里　4책(210)
12 順殺氣也　3책(352)
12 項綠色鮮明　5책(364)
13 頓躓倒仆　2책(212)
14 領上肉㟝朕起　5책(522)
14 頗似葵而小　4책(374)
15 顲　1책(160)
15 頤　1책(334)
16 頸　5책(314)
16 額者　5책(253)
16 頭鳰　5책(337)
16 頭戴物　2책(302)
16 頭大如人擘指　5책(264)
16 頭似兔　5책(464)
16 頭上　2책(167)
16 頭上勝　5책(331)
16 頻伸夭撟　5책(477)
16 頻仍　1책(254)
16 頒　1책(275)
16 頒道無所屈　1책(275)
16 頰裏貯食處　5책(475)
17 顚涷　4책(420)
17 頷　2책(156)
17 頴　1책(226)
18 顒顒卬卬　2책(343)
18 顓頊水德　3책(312)
18 顓頊之虛　3책(311)
18 題　2책(156)
19 類　1책(124)
19 類于上帝　3책(340)
19 類貙　5책(430)
19 顙額　5책(496)
19 願　1책(239)
19 顗　1책(160)
19 顙　2책(167)

19 顥蕀　4책(344)
23 顯　1책(201, 261, 307)

風

09 風輿　3책(283)
09 風雨　3책(301)
09 風而雨土　3책(286)
20 飄　3책(283)

飛

09 飛生　5책(352)
09 飛翅作聲者　5책(148)
09 飛螳　5책(168)
09 飛卽伸其脚跟企直　5책(378)
09 飛且乳　5책(352)
09 飛縮脚腹下　5책(379)
09 飛則鳴　5책(311)

食

09 食　1책(256), 2책(53)
09 食根　5책(196)
09 食其中蟲　5책(306)
09 食苗心　5책(196)
09 食桑葉作繭者　5책(191)
09 食葉　5책(196)
09 食魚　5책(287)
09 食爲粲　2책(164)
09 食饐　3책(131)
09 食已復出嚼之也　5책(473)
09 食人　5책(430, 443)
09 食節　5책(196)
09 食之少味　5책(18)
09 食虎豹　5책(483)

11 飢　2책(139)

11 飢意　2책(140)

13 飯相著　3책(132)

13 飯饐臭　3책(132)

13 飯中有腥　3책(132)

13 飫　2책(177)

14 飾　2책(97)

14 飾以組　3책(366)

15 養　1책(334)

15 養其樲棘　5책(62)

15 餃　3책(131)

16 餜　3책(133)

16 餐飯爲饙　2책(49)

16 餘　1책(356)

16 餘眂　5책(252)

16 餘泉　5책(253)

16 餐　2책(164)

16 餔敊　5책(354)

17 餤　1책(195)

17 餥　2책(53)

17 餞　1책(197)

18 餲　3책(131)

18 餬　2책(248)

18 餱　2책(53)

18 餟　3책(131)

19 餾　2책(49)

19 餹　1책(308)

20 饉　3책(260)

21 饋　1책(308)

21 饑　3책(260)

21 饒多　2책(341)

21 饐　2책(375)

21 饐饎　2책(376)

22 饙　2책(49)

22 饙熟爲餾　2책(49)

22 饘　2책(248)

26 饟　1책(308)

首

09 首　1책(98, 359), 5책(491)

09 首大如擘　5책(264)

11 馗廚　4책(421)

17 馘　1책(340)

香

09 香櫻　3책(119)

09 香中炙唉者爲蕀　4책(257)

09 香草　4책(340, 405)

10획

馬

10 馬鐲　5책(146)

10 馬薊　4책(252)

10 馬高八尺者　5책(490)

10 馬駒　5책(326)

10 馬棘　5책(82)

10 馬蟪　4책(285)

10 馬藍　4책(435)

10 馬勒旁鐵　3책(127)

10 馬毛逆刺　5책(502, 503)

10 馬尾　4책(371)

10 馬鬣　5책(173)

10 馬蚍蜉　5책(167)

10 馬牀　4책(418)

10 馬鳥　4책(459)

10 馬蟬　5책(124)

10 馬屬　5책(521)

10 馬逆毛也　5책(503)

10 馬蠅　5책(146)
10 馬祭　3책(342)
10 馬蜩　5책(124)
10 馬藻　4책(370)
10 馬疾　1책(227)
10 馬帚　4책(284)
10 馬蛭　5책(146)
10 馬八尺　5책(547)
10 馬頰　4책(235)
12 馮翊　4책(177, 192)
12 馮河　2책(400)
13 駁顙　5책(495)
13 駴　5책(492)
13 馳驅事務　1책(186)
14 駁　5책(60, 507)
14 駌　5책(509)
14 駁馬爲驘　5책(506)
14 駔　2책(16)
15 駕　2책(243)
15 駓　5책(510)
15 駔　2책(126)
16 駱　5책(511)
16 駱驛相連屬　4책(145)
16 駮　5책(483)
16 駚　5책(490, 547)
16 駲　5책(510)
16 駓　5책(512)
17 駸　5책(495)
17 駓馬白腹　5책(493)
17 駓馬黃脊　5책(507)
17 駓白　5책(507)
17 駿　1책(108, 176, 218)
17 駶　5책(508)
18 騀駼　5책(486)
18 騀蹄　5책(484)
18 騏　5책(433)

18 駒騄馬　5책(481)
18 騅牝　5책(503)
18 騅牝三千　5책(503)
18 駸　5책(506)
18 雛　2책(162), 5책(511)
19 騜　5책(507)
19 鶩　1책(186)
19 騧　5책(512)
19 騧馬　5책(512)
19 騷　5책(509)
19 騢　5책(511)
19 騜　5책(507)
19 騜駁其馬　5책(507)
20 騷　1책(319)
20 騠　5책(494)
20 騵　5책(493)
20 驚　1책(301), 5책(506)
20 騻　5책(491)
21 騽　5책(507)
22 騸　5책(493)
22 騲　5책(490)
22 驊　5책(508)
23 驚　1책(225)
26 驪　5책(494)
27驤　5책(492)
28 驪　5책(433)
28 驪也　5책(434)
29 驪馬白跨　5책(493)
29 驪馬黃脊　5책(507)
29 驪牡　5책(503)
29 驪白雜毛　5책(509)

骨

10 骨　3책(162)
10 骨骶　3책(169)

10 骨象須切磋而爲器　2책(381)

10 骨節強直　5책(409)

10 骨鏃不翦羽　3책(169)

13 骭脚脛　2책(384)

13 骭瘍爲微　2책(384)

16 骹膝下也　5책(491)

23 體幹　1책(288)

23 體似鱓　5책(214)

23 體員而有文點　5책(208)

23 體有白點　5책(130)

23 體有邪行甲　5책(202)

23 體柔也　2책(404)

23 體長　5책(527)

高

10 高　1책(177)

10 高其閈閎　3책(55)

10 高涼　5책(522)

10 高六尺許　5책(308)

10 高數尺　4책(472)

10 高二尺許　5책(522)

10 高者言最在上　2책(421)

10 高丈許　4책(332)

10 高祖王姑　2책(426)

10 高祖王母　2책(420)

10 高祖王父　2책(420)

10 高祖王父之姊妹　2책(426)

10 高宗肜日　3책(347)

10 高尺餘許　4책(376)

10 高平　4책(28, 69)

髟

13 髡　5책(14)

14 髦　2책(95), 4책(344), 5책(110)

14 髦士　2책(71)

14 髯鬣　5책(454)

15 髮落更生黃者　1책(143)

22 鬚長數尺　5책(212)

鬯

10 鬯白以榝　5책(13)

29 鬱　2책(198)

29 鬱陶　1책(339)

29 鬱陶思君　1책(339)

29 鬱然　2책(198)

鬲

10 鬲　3책(146)

10 鬲津　4책(238)

18 鬵　3책(148)

22 鬻　2책(256)

22 鬶　3책(148)

鬼

10 鬼桃　4책(456)

10 鬼目　4책(330)

10 鬼目草　4책(330)

10 鬼之爲言歸也　2책(416)

14 魁陸　5책(232)

14 魁瘣　5책(86)

15 魄　1책(265), 5책(34)

18 魏獻子　4책(30)

18 魋如小熊　5책(429)

11획

魚

11 魚 3책(133, 137, 140), 5책(478, 512)
11 魚去乙 5책(268)
11 魚罟 3책(98)
11 魚鳲 5책(338)
11 魚毒 5책(47)
11 魚得寒 3책(96)
11 魚罔也 3책(94)
11 魚目也 5책(513)
11 魚尾 5책(268, 308)
11 魚婢 5책(222)
11 魚鹽 4책(54)
11 魚有力者 5책(224)
11 魚子 5책(213)
11 魚腸 5책(268)
11 魚鳥之相合 4책(62)
11 魚之骨體 5책(268)
11 魚枕 5책(267)
13 魛魚 5책(221)
15 魯 4책(28)
15 魯衛之間曰鱟 1책(301)
15 魴 5책(227)
15 魴魚 5책(227)
15 魵 5책(225)
15 魧 5책(251)
15 魧屬 5책(251)
16 魟 5책(211, 227)
16 魩 5책(208)
16 鮓屬也 3책(140)
16 鮎 5책(204)
16 鮎而大 5책(211)
16 紫魚 5책(221)
16 鮀 5책(207)
16 鮎背 1책(143)

16 鮋 5책(226)
17 鮦也 5책(205)
17 鮥 5책(218)
17 鮥子 5책(218)
17 鮆 5책(221)
17 鮮 1책(124, 280, 281), 4책(158)
17 鮾鮪 5책(218)
17 鮪 5책(218)
17 鮿 5책(204)
17 鮴 5책(211)
17 鮨 3책(140)
18 鯀則殛死 2책(207)
18 鯉 5책(201)
18 鯊 5책(207)
18 鮸 5책(210)
18 鯇 5책(206)
19 鯤 5책(213)
19 鯑 5책(220)
19 鯠 5책(228)
19 鯫 5책(228)
19 鯢 5책(266)
19 鯢魚似鮎 5책(267)
19 鯌屬也 5책(214)
20 鰥 5책(203)
20 鰥額白魚 5책(203)
20 鰈 4책(56)
20 鯷 5책(204)
20 鰌 5책(209)
20 鯿 5책(227)
20 鰕 5책(225, 266)
20 鰕大者出海中 5책(212)
20 鰕魚 5책(212)
20 鰌魚 5책(207)
21 鰏 5책(212)
21 鰥 1책(226)
22 鰹 5책(210)

17 鶻鵃　5책(281)
17 駕　5책(315)
17 駕子　5책(382)
17 鳷鵤　5책(295)
17 篤　5책(331)
17 鴻　1책(307)
17 鴻鴈知運代　1책(307)
17 鴻薈　4책(313)
17 鵂鷂　5책(285)
18 鶊鴒　5책(331)
18 鵙　5책(387)
18 鷖鷄　5책(295)
18 鵠　3책(161)
18 鶍鵲　5책(285)
18 鵌　5책(371)
18 鶬鳩　5책(278)
18 鵝　5책(292)
18 鶄　5책(295)
18 鶄鶹　5책(296)
18 鶹　5책(367)
19 鷳鳩　5책(280)
19 鵜老　5책(301)
19 鵋鳩　5책(355)
19 鴛黃　5책(353, 357)
19 鵃鴒　5책(282)
19 鶀　5책(335)
19 鶀子　5책(382)
19 鶀火　3책(321)
19 鵲鵙醜　5책(375)
19 鷗　5책(286, 367)
19 鶷雉　5책(365)
19 鷃鳩　5책(339, 349)
19 鵠軌　5책(286)
19 鶊鷗　5책(312)
19 鶊烏　5책(312)
20 鵲　5책(323, 335)
20 鶼　5책(550)
20 鷄　5책(301)
20 鵁鶄鳥　5책(341)
20 鶩　5책(293)
20 鷗鶼　5책(373)
20 鶚　5책(284)
20 鷗　5책(308)
20 鶹鵤　5책(311)
20 鵾鷗　5책(331)
21 鶼鵜　4책(57), 5책(356)
21 鷄卵　5책(63)
21 鷄棲於弋　3책(35)
21 鶺鴒　5책(280)
21 觳　5책(324)
21 鶒鸝　5책(359)
21 鷗鶼　5책(384)
21 鷺　5책(333)
21 鶬　5책(366)
21 鶬雉　5책(362)
21 鷗雉　5책(366)
21 鷙　5책(334)
21 鸇　5책(350)
21 鶬　5책(290)
21 鶬鵠　5책(290)
21 鸝　5책(351)
21 韓　5책(297)
21 韓鷄　5책(297)
22 鷿鳩　5책(282)
22 鷽　5책(288, 382)
22 鵊　5책(355)
22 鵊鳩　5책(355)
22 鶴屬　5책(335)
22 鶴也　5책(315)
23 鷎鷄　5책(363)
23 鷗雉　5책(363)
23 鷺　5책(360)

麻

11 麻　　3책(226), 4책(361)

11 麻母　　4책(400)

11 麻者音穊而長也　　3책(226)

11 麻黃　　4책(451)

24 黁　　4책(360)

12획

黃

12 黃甲小蟲　　5책(135)

12 黃金　　3책(157), 4책(49)

12 黃離留　　5책(343)

12 黃髮　　1책(143)

12 黃白　　5책(507)

12 黃白文　　5책(252, 424)

12 黃白雜毛　　5책(510)

12 黃白雜文　　5책(350)

12 黃蚚　　5책(134)

12 黃腹　　5책(536)

12 黃魚　　5책(202)

12 黃英　　5책(42)

12 黃牛黑脣　　5책(525)

12 黃爲文點　　5책(253)

12 黃蔯　　4책(404)

12 黃鳥　　5책(342)

12 黃華　　4책(406, 424)

12 黃黑色　　5책(454, 455)

黍

12 黍蓬　　4책(260)

12 黍三斛八斗　　4책(317)

15 黎　　1책(221)

15 䵒　　2책(193)

17 黏粟也　　4책(276)

17 黏䵒　　2책(193)

黑

12 黑　　3책(181)

12 黑脚　　5책(526)

12 黑甲蟲　　5책(128)

12 黑羖䍩　　5책(534)

12 黑白駁　　5책(409)

12 黑腹　　5책(526)

12 黑色可食　　4책(309)

12 黑色貝也　　5책(252)

12 黑黍　　4책(317)

12 黑水　　4책(15)

12 黑脣　　5책(525)

12 黑脣牛　　5책(525)

12 黑飾地也　　3책(26)

12 黑身　　5책(161)

12 黑爲文點　　5책(253)

12 黑耳　　5책(526)

12 黑昚　　5책(526)

12 黑鰡　　5책(208)

12 黑羝也　　3책(534)

12 黑虎　　5책(411)

12 黑喙　　5책(512)

17 黝　　3책(26, 181)

17 點　　3책(166)

20 黧黃　　5책(389)

黹

12 黹　　2책(233)

17 黻　　2책(68, 273)

17 黻文如兩己相背　　2책(68)

19 黼　2책(68), 3책(181)
19 黼領　3책(114)
19 黼文如斧　2책(68)
19 黼文畵斧形　3책(181)

13획

黽

11 黿黿　5책(171)
13 黽　5책(235)
13 黽勉　1책(184)
18 鼄黿　5책(234)
19 黿蟄　5책(171)
24 黿黿　5책(190)
25 黿三足　5책(239)

鼎

13 鼎歛上而小口　3책(146)
13 鼎曲脚也　3책(147)
13 鼎耳在表　3책(146)
13 鼎絶大　3책(145)
15 鼐　3책(145)
16 鼏　3책(146)

鼓

13 鼓舞懽喜　2책(311)
13 鼓鰓須息　5책(478)
13 鼓翅霍霍然疾　5책(377)
13 鼓箏草　4책(382)
18 鼖　3책(201)
18 鼖長八尺　3책(201)

鼠

13 鼠脚　5책(339)
13 鼠文彩如豹者　5책(465)
13 鼠尾　4책(262)
13 鼠負　5책(158)
13 鼠婦　5책(177)
13 鼠屬　5책(472)
13 鼠身長須而賊　5책(414)
13 鼠莞　4책(261)
13 鼠耳　4책(440)
13 鼠梓　5책(49)
13 鼠在內　5책(372)
13 鼠前　4책(59)
17 鼢鼠　5책(465)
17 鼢鼠　5책(461)
17 鼣鼠　5책(464)
18 鼩鼠　5책(463, 464)
18 鼬　5책(463)
18 鼫鼠　5책(464)
18 鼬似鼺　5책(463)
18 鼬鼠　5책(462)
18 鼺鼩　5책(463)
18 鼨鼠　5책(465)
19 鼭鼠　5책(463)
20 鼶鼠　5책(352)
22 鼳　5책(414)
22 鼳鼠　5책(466)
22 鼸　5책(371)
23 鼸鼠　5책(461)
23 鼯鼠　5책(462)
23 鼯鼬則穴　5책(462)
23 鼶鼠　5책(462)

14획

鼻

14 鼻口在頷下　5책(202)
14 鼻露向上　5책(455)
14 鼻上者卽食角也　5책(441)
22 齂　1책(315)

齊

14 齊　1책(216), 2책(11, 34, 48, 247), 4책
　(25, 35)
14 齊等　2책(112)
14 齊人呼之爲天瓜　4책(268)
14 齊子愷悌　2책(70)
14 齊棗　5책(62)
14 齊中也　4책(83)

15획

齒

15 齒艾　5책(300)
15 齒如瓠棲　4책(265)
15 齒著于門闑　3책(55)
15 齒墮更生細者　1책(143)
20 齣食之所在　5책(474)
20 齟　5책(473)
20 齠　5책(473)
20 齠爲齟　5책(473)
21 齰　4책(260, 388), 5책(300)
21 齰甘草　4책(58)
21 齰髪　5책(130)
21 齰桑　5책(130)
23 齔齒　1책(143)
25 齼　5책(473)

25 齸屬　5책(475)

16획

龍

16 龍類也　5책(262)
16 龍門　4책(16)
16 龍尾　3책(308), 4책(438)
16 龍星明者　3책(306)
16 龍爲天馬　3책(306)
20 龐　2책(130)

龜

16 龜　5책(245)
16 龜背　5책(308)
16 龜三足　5책(239)
16 龜之最神明　5책(270)

2. 한글 자모순

가 ────────────

假 1책(108, 301, 312, 372)

嫁 1책(122)

嘉 1책(124, 205, 312)

柯 1책(140)

加 1책(210)

苛 2책(120, 263)

可 2책(157)

暇 2책(225)

駕 2책(243)

賈 2책(36)

家 3책(12)

茄 4책(354)

葭 4책(472)

椵 5책(18)

䴏 5책(394, 452)

榎 5책(76, 77)

檟 5책(95)

鴚 5책(292)

苛刻 2책(120)

可隔以爲津而橫渡 4책(238)

嘉慶 2책(199)

可矜憐者 2책(55)

加陵 4책(41)

可啖 4책(299)

假樂 1책(313)

佳麗美艷之貌 2책(298)

可淋以爲飮 4책(376)

貑羆 5책(425)

歌事以詠心憂 2책(326)

嘉成王也 1책(313)

可食 4책(70, 250, 302, 363)

飼食之所在 5책(474)

賈氏以爲如籭 3책(217)

加王者尊之 2책(420)

可以染絳 4책(267)

可以染赤 4책(264)

可以染皁 4책(262)

可以爲索 4책(414)

可以爲席 4책(261)

可以爲掃彗 4책(284)

可以爲杖 5책(38)

可以爲酒杯 5책(242)

可以爛蠶蛹 4책(282)

可作印 5책(268)

可種穀給食 4책(70)

貑玃也 5책(450)

恪 1책(244)

脚 2책(242)

角 3책(161, 194, 301)

刻 3책(162)

閣 3책(31)

桷 3책(39)

礐 4책(161)

茖 4책(246)

鵠 5책(285, 291)

脚高 5책(294)

角弓 3책(170)

脚近尾 5책(338)

脚短 5책(352)

刻斷物爲契斷 1책(323)

角頭有肉 5책(436)

刻鏤物爲鏤 3책(191)

角不齊 5책(535)

脚似狗 5책(422)

脚似䴢 5책(421)

角三觜 5책(536)

脚所踐處 5책(391)

各隨事爲義 2책(268)

卻偃　2책(188)

脚饒指　5책(459)

角圓銳　5책(426)

脚有三蹄　5책(441)

角一俯一仰　5책(524)

脚指間有幕蹼屬相著　5책(378)

桷直而遂　3책(39)

角橢　5책(435)

角兀下繫於氏　3책(303)

簡　1책(108), 3책(164), 4책(237), 2책(304)

衎　1책(129)

柬　1책(224)

間　1책(265, 307), 2책(239)

榦　1책(288)

艱　1책(342)

干　2책(56, 241)

竿　3책(187)

澗　4책(167)

瞷　5책(512)

幹臂　5책(500)

干木　5책(98)

間無雜木　5책(36)

墾辟　2책(328)

間錯亦相代　1책(307)

簡札　3책(164)

曷　1책(268), 2책(190)

竭　1책(303)

蝎　5책(129, 176, 184)

獦獢　5책(541)

堪　1책(179, 181)

監　1책(263)

感　1책(319)

坎　2책(105), 3책(111)

蚶　5책(232)

尲　5책(410)

龕　2책(130)

坎坎　2책(311)

甘棠　5책(31)

砍木聲　2책(345)

感思　1책(238)

減陽　5책(500)

甘雨時降　3책(255)

甘草　4책(458)

甲　2책(161)

压　4책(156)

敢　1책(153)

甲可以卜　5책(270)

甲有文彩者　5책(271)

甲前長　5책(246)

甲蟲也　5책(134)

甲後長　5책(247)

康　1책(129, 276, 277), 2책(120), 3책(65, 144)

降　1책(162), 2책(111)

強　1책(186, 236), 5책(163)

漮　1책(219)

疆　1책(290)

彊　1책(292), 2책(65, 112)

僵　2책(188)

絳　3책(180)

岡　4책(148)

江　4책(222)

江南　4책(18, 34)

江南衡　4책(133)

強大多力　5책(224)

江東　4책(56, 120)

江東人呼粟爲粢　4책(274)

蜣蜋　5책(128)

絳練也　3책(366)

降婁　3책(316)

橿木　5책(98)

講武　3책(364)

强蜱　5책(137)

彊梁淩暴　2책(112)

强圉　3책(264)

疆場　1책(291)

江爲沱　4책(195)

江有沱　4책(204)

康莊之衢　3책(65)

漮之言空也　1책(220)

江之有沱　4책(188)

降此鞫訩　1책(264)

强醜捋　5책(163, 194)

康瓠　3책(88)

江淮而南　5책(366)

介　1책(108, 124, 199)

愷　1책(129)

皆　1책(325)

介　2책(151)

開　2책(251)

蓋　2책(73, 215), 4책(421)

玠　3책(174)

鶍　5책(323, 335)

嗜嗜　2책(346)

蓋舅出　2책(438)

皆備成章　5책(366)

皆相及逮　2책(38)

皆踊　5책(525)

皆禹所名也　4책(243)

皆有掌踊　5책(447)

蓋依此名　4책(139)

介人維藩　1책(125)

愷悌　2책(70)

漑之釜鬵　3책(148)

凱風　3책(279)

凱風自南　3책(279)

臄　1책(361)

羹　3책(140)

阬阬　1책(219)

羹魚　4책(449)

舉　2책(103, 301)

遽　2책(16)

居　2책(198)

裾　3책(116)

虡　3책(153)

秬　4책(317)

椐　5책(38)

豦　5책(454)

岠去也　4책(83)

岠齊州以南　2책(11)

居居　2책(320)

巨鵝　5책(550)

柜柳　5책(27)

柜柳似柳　5책(27)

渠略　5책(132)

鉅鹿　4책(30, 106)

居陸　5책(250)

蘧麥　4책(385)

去蚊　5책(235)

舉石擿人　5책(454)

蘧蔬　4책(338)

車桼　4책(92)

倨牙　5책(483)

車軏上環　3책(128)

鉅野縣　4책(28)

居�　5책(502)

籧篨　2책(401)

籧篨之疾　2책(402)

車前　4책(459)

岠齊州以南戴日　4책(83)

舉持物　2책(301)

居處　2책(199)

齷齪　5책(234)

居河之湄　4책(206)

虔　1책(202)

挙　2책(260)

訾　2책(32)

寋　3책(221)

椾　3책(26)

搴　4책(325)

騝　5책(507)

搴柜胷　4책(466)

搴其蕭秱　1책(84)

健啖細魚　5책(214)

健上樹　5책(438)

褰裳也　4책(207)

健捕鼠　5책(448)

健行者　5책(522)

楗　3책(35)

楗車　4책(405)

轝輿　4책(405)

檢　2책(184)

儉　2책(312)

踦　2책(173)

袚　3책(116)

袚裧　4책(414)

鵑鶍　5책(331)

憩　1책(315)

愒　2책(227)

揭衣　4책(207)

格　1책(118, 301), 2책(21)

鬲　3책(146)

蕶　4책(448)

橄　5책(117)

鷔　5책(359)

鶪　5책(387)

獥　5책(397)

鼳　5책(414)

昦　5책(478)

格爾衆庶　2책(21)

格格　2책(301)

橄櫂直上　5책(117)

渞梁　4책(42)

鼸鼠　5책(466)

㹴牛　5책(524)

繳纆之　3책(169)

鬲津　4책(238)

肩　1책(179, 181, 293)

堅　1책(202)

掔　1책(202, 254)

見　1책(260, 261)

汱　1책(336)

襺　2책(252)

鐲　2책(99, 100)

汧　4책(190)

肙　4책(397)

鰹　5책(210)

鵛　5책(294)

豣　5책(395)

趼　5책(484)

犈　5책(394)

犬高四尺曰獒　5책(549)

牽縛縮貉之　1책(367)

犬生　5책(540)

繭緒　4책(464)

掔然　1책(254)

牽牛　3책(310, 323)

見人則笑　5책(444)

堅中　4책(429)

肩卽剺耳　1책(179)

蜸蚕　5책(151)

牽扡　2책(367)

汧縣　4책(31)

袺　3책(117)

芺茪　4책(304)

関廣　5책(501)

結縷　4책(382)
芺明也　4책(305)
決復入爲汜　4책(200)
蕨蕻　4책(394)
玦之以金銑者　3책(167)
決之澤爲汧　4책(200)
蒹　4책(472)
嗛　5책(474)
臧　5책(548)
鶪鶪　4책(57), 5책(356)
鼸鼠　5책(461)
京　1책(108), 4책(95)
景　1책(108)
潁　1책(201), 2책(44)
磬　1책(211)
驚　1책(225)
敬　1책(244), 2책(283)
梗　1책(275)
輕　2책(169)
慶　2책(199)
耕　2책(330)
競　2책(65)
經　2책(85, 262), 3책(194)
勁　4책(246, 262)
坰　4책(65)
螢　5책(145)
頸　5책(314)
靈　5책(427)
京京　2책(326)
惸惸　2책(326)
竟界　1책(291)
京觀　4책(96)
鶪鶪　5책(295)
莖頭　4책(468)
莖頭有臺似薊　4책(312)
更望備警急　4책(62)

蒵茅　4책(322)
莖毛黑　4책(368)
耿黽也　5책(235)
莖似葛　4책(330)
輕遠如浮雲　2책(426)
莖赤有節　4책(458)
徑侹　4책(202)
輕疧者　2책(113)
莖中有瓤　4책(332)
更迭　2책(234)
景風　3책(255)
莖下白蒻在泥中者　4책(354)
屆　1책(118)
係　1책(158)
繼　1책(158)
磬　1책(211)
界　1책(290)
契　1책(323)
闋　2책(116)
佳　2책(117)
屆　2책(214)
啓　2책(249), 5책(491)
戒　2책(286)
憏　2책(35)
繫　3책(119)
枅　3책(38)
甂　3책(88)
谿　4책(165)
繫　4책(398)
薊　4책(468)
雞　5책(544)
界各十里也　4책(65)
契契　2책(347)
稽久　1책(299)
薊蟄　4책(343)
雞頭　5책(308)

鷄卵　5책(63)
繫梅　5책(33)
啓明　3책(325)
啓服　5책(492)
雞山　4책(16)
雞三尺　5책(550)
鷄棲於弋　3책(35)
雞少者曰健　5책(545)
雞屬　5책(546)
戒愼　2책(286)
繫於體　3책(119)
繼英　5책(186)
繫英　5책(316)
桂荏　4책(314)
灅汋　4책(181)
雞腸草　4책(331)
繼旒　3책(369)
蟿螽　5책(148)
綌緊也　1책(220)
桂厚皮者爲木桂　5책(36)
辜　1책(142), 3책(275)
告　1책(164), 2책(19)
誥　1책(164), 2책(64)
高　1책(177)
固　1책(202)
古　1책(251), 2책(150)
故　1책(251, 253)
考　1책(274), 2책(418)
蠱　1책(286), 3책(144)
苦　1책(315), 2책(55)
姑　2책(422, 448)
皐　3책(274)
罟　3책(98)
栲　5책(11)
槹　5책(32)
羖　5책(535)

皐皐　2책(356)
姑舅在　2책(448)
羔裘之縫也　2책(409)
苦菫　4책(388)
高其閈閎　3책(55)
苦茶　5책(95)
膏登也　3책(83)
高涼　5책(522)
高六尺許　5책(308)
鼓舞懽喜　2책(311)
考方國之語　1책(84)
考妣延年　2책(419)
栲似樗　5책(12)
鼓鰓須息　5책(478)
高數尺　4책(472)
蛄𧌒　5책(137)
鼓翅翬翬然疾　5책(377)
苦如蘗　4책(398)
姑楡　5책(53)
高二尺許　5책(522)
古者貴賤皆自稱朕　1책(189)
高者言最在上　2책(421)
古者謂死人爲歸人　2책(416)
高丈許　4책(332)
鼓箏草　4책(382)
苦棗　5책(64)
高祖王姑　2책(426)
高祖王母　2책(420)
高祖王父　2책(420)
高祖王父之姊妹　2책(426)
高宗肜日　3책(347)
觚竹　4책(77)
膏中瑩刀　5책(351)
故重曉之　4책(114)
苦地　2책(55)
古之良馬名　5책(505)

古之名雞　5책(550)
故知四宿　2책(389)
固志也　1책(202)
姑之子　2책(436)
苦茱　4책(269)
高尺餘許　4책(376)
苦蔵　4책(304)
堌澤鳥　5책(333)
高平　4책(28, 69)
穀　1책(124), 2책(60, 78)
穀　1책(211)
楛　1책(275)
鵠　3책(161)
螢　5책(120)
曲梁也　2책(415), 3책(94)
穀不熟　3책(260)
楀楸　5책(22)
楀楸別名　5책(96)
谷者　4책(129)
螢則鳴　5책(120)
穀則異室　2책(60)
谷風　3책(279)
袞　2책(273)
昆　2책(275)
壼　3책(62)
困　4책(414)
梱　5책(14)
髡　5책(14)
鯤　5책(213)
鶤　5책(550)
舅兄也　2책(427)
舅後也　2책(425)
騉駼　5책(486)
困敦　3책(265)
崐崙丘　4책(91)
崑崙虛　4책(51)

舅孫　2책(425)
袞衣有黼文　2책(273)
騉蹄　5책(484)
鮌則殛死　2책(207)
骨　3책(162)
骨骼　3책(169)
骨象須切磋而爲器　2책(381)
汨漱沙壤　4책(228)
骨節强直　5책(409)
骨鏃不翿羽　3책(169)
鶻鵃　5책(280)
公　1책(105, 174)
貢　1책(123)
攻　1책(124)
功　1책(179, 273, 274)
鞏　1책(202), 2책(145)
空　1책(211)
恐　1책(225)
邛　1책(233)
恭　1책(244), 2책(284)
孔　1책(265), 2책(194), 3책(175)
拱　1책(310)
供　1책(317)
共　1책(317)
栱　3책(31)
蚣　5책(143)
邛鉅　4책(443)
恭敬　2책(284)
邛邛岠虛　4책(58)
貢慕　5책(32)
椐當爲柳　5책(27)
孔大而於邊小也　3책(176)
空桐　4책(83), 4책(85)
恐動趨步　2책(287)
功勞　1책(273)
空手執也　2책(399)

功業　1책(273)

鞏用黃牛之革　1책(202)

共爲雄雌　5책(372)

空中可啖　4책(479)

工則劇之　3책(161)

果　1책(179)

寡　1책(280, 281)

過　2책(32, 185)

夸　4책(468, 469, 482)

瓜　5책(113)

跨髀間　5책(493)

顆涷　4책(420)

科斗　5책(231)

果蓏　5책(182)

果蓏之實　4책(267)

瓜蔓緖　4책(307)

過辨　4책(187)

果不熟　3책(261)

夸毗　2책(404)

夸奢　1책(179)

夸也　4책(481)

渦爲洶　4책(196)

果毅　1책(179)

果毅之貌　2책(292)

果下牛　5책(522)

霍　4책(157)

廓落　1책(109)

霍山　4책(50, 171)

霍首　4책(433)

钁也　3책(92)

官　1책(173), 2책(71)

貫　1책(174, 298)

觀　1책(223), 2책(27), 3책(52)

串　1책(298)

寬　2책(272)

灌　4책(287), 5책(117)

菅　4책(296)

蓷　4책(345)

冠背毛黃　5책(364)

貫渠　4책(368)

關關　1책(208)

瘝瘝　2책(325)

鸛鷞　5책(373)

款涷　4책(420)

灌木　5책(82)

官府馬　5책(500)

關西　4책(453)

寬緩　2책(223, 310)

官長　1책(327)

管長尺　3책(217)

棺材　5책(17)

貫節　4책(368)

官正　2책(203)

款足者　3책(146)

貫衆　4책(368)

官地爲宋　1책(173)

貫忕　1책(298)

栝樓　4책(267)

光　1책(201)

匡　2책(203)

桄　2책(44)

狂　5책(321, 342)

洸洸　2책(292)

廣武縣　4책(59)

獷惡　5책(453)

誆也　2책(412)

廣一尺八寸　3책(197)

狂鳥　5책(342)

廣州　5책(522)

廣平　4책(69)

廣河澤　4책(30)

壞　1책(168)

朐　4책(302)

鉤　4책(312, 412)

購　4책(449)

丘　4책(97, 118)

鰡　5책(220)

殼　5책(324)

朹　5책(33)

麿　5책(391, 452)

狗　5책(415, 540), 5책(541)

猗　5책(491)

捄　5책(54)

丘一成　4책(87)

俱嫁事一夫　2책(439)

鴝鵒　5책(285)

枸櫞　5책(46)

瞿瞿　2책(312)

究究　2책(320)

仇仇　2책(321)

俅俅　2책(338)

具區　4책(35)

韮根爲荄　4책(480)

枸杞　5책(46)

九達　3책(67)

狗毒　4책(398)

劬勞　1책(226), 2책(307)

瓠瓟　4책(412)

九流之津涉　1책(73)

璆琳　4책(51)

瞿麥　4책(385)

鉤盤　4책(237)

龜背　5책(308)

丘背有丘　4책(110)

丘邊有界垺　4책(97)

甌甊　3책(86)

九府　4책(55)

九嬪之官　2책(419)

救絲以爲絢　3책(105)

狗四尺　5책(549)

丘上有丘　4책(114)

鼩鼠　5책(463, 464)

九葉　4책(401)

狗屬　5책(542)

朹樹　5책(33)

氍毹　4책(338)

九十其犉　5책(548)

句如羽　5책(106)

口如錐　5책(358)

九罭　3책(94)

久雨　3책(298)

九月　3책(274)

丘有壟界如田畝　4책(113)

口柔也　2책(401)

口柔之人　2책(402)

九夷　4책(80)

俱已嫁　2책(437)

狗子未生乾毛者　5책(540)

購錢三千　5책(415)

狗薺　4책(329)

狗足　5책(422, 428)

九州　4책(27)

舅之子　2책(436)

龜之最神明　5책(270)

拘執　2책(196)

苟且　2책(58)

求請也　2책(19)

斫斸　3책(90)

寇雉　5책(339, 349)

九澤　4책(37)

九河　4책(243)

丘墟耳　1책(220)

鞠　1책(264), 2책(31, 60)

局　2책(135)

鞠   2책(54)

繭   4책(390)

菊   4책(399)

椈   5책(13)

國都   4책(65)

國貉   5책(180)

君   1책(105)

莙   4책(370)

蜠   5책(254)

君姑   2책(448)

君舅   2책(448)

群飛   5책(339)

君山   5책(239)

群臣之側位也   3책(48)

君爲廬宮之   4책(157)

君子好仇   1책(155)

君之德也   2책(343)

涒灘   3책(265)

群行聲   3책(361)

屈   1책(214)

淈   1책(332)

鶌鳩   5책(280)

屈己卑身以柔順人也   2책(405)

屈此群醜   1책(214)

穹   1책(108)

躬   1책(192)

窮   2책(54)

弓   3책(169)

宮   3책(194)

窮瀆   4책(128, 165)

穹隆   1책(109)

宮門雙闕   3책(52)

宮謂圍繞之   4책(157)

宮謂之室   3책(11)

弓有緣者   3책(169)

宮中之門   3책(52)

宮中衖   3책(62)

窮盡   2책(54)

穹蒼   3책(243)

躬親   2책(69)

聳   3책(189)

藭   4책(349)

權   4책(406), 5책(42)

虇   4책(473)

蠸   5책(135)

帣   5책(526)

觠角三匝   5책(536)

勧尙   1책(199)

卷施草   4책(477)

權輿   1책(98)

卷耳   4책(440)

蹶   1책(312, 319)

厥   2책(194)

闕   3책(52)

橛   3책(54)

蕨   4책(435, 441)

蹷   4책(58)

蹷鼠   4책(59)

蹶蹶   2책(295)

蕨攗   4책(384)

蹶洩   5책(64)

闕洩多狃   5책(459)

厥聲載路   1책(109)

橛也   3책(30)

闕而不論   1책(84)

鱖鰤   5책(222)

塊   1책(168), 3책(24)

饋   1책(308)

祪   1책(362)

潰   2책(191)

跪   2책(249)

屪   4책(194)

槚　5책(38)

麂　5책(438)

舱　5책(535)

嚳　5책(428)

軌礤　4책(433)

氿泉穴出　4책(185)

潰敗　2책(191)

蠚　4책(358)

鬼桃　4책(456)

龜　5책(245)

龜三足　5책(239)

歸異出同流　4책(191)

鬼目　4책(330)

鬼目草　4책(330)

歸孫　2책(438)

貴勇力　3책(362)

鬼之爲言歸也　2책(416)

揆　2책(138)

葵　2책(138)

叫　2책(200)

袿　3책(114)

珪　3책(170)

奎　3책(316)

閨　3책(53)

逵　3책(67)

鬹　4책(143)

菫　4책(394)

杋　5책(106)

蕢姑　4책(412)

糾絞繩索　2책(171)

赳赳　2책(292)

珪大尺二寸　3책(174)

湀闢　4책(186)

犫牛　5책(523)

奎爲溝瀆　3책(317)

纇者　5책(253)

杋者　5책(34)

尵廚　4책(421)

糾靑絲綸　4책(461)

均　1책(278), 2책(111, 130)

菌　4책(421, 422)

蚼　5책(146)

麕　5책(395)

昀昀　2책(328)

麕身　5책(436)

麕足　5책(421)

橘　3책(273)

極　1책(118), 2책(214), 3책(273)

剋　1책(179)

克　1책(181), 2책(208)

亟　1책(216, 218), 2책(45)

殛　2책(207)

棘繭　5책(191)

極力　2책(114)

劇旁　3책(64)

棘葉　5책(191)

蕀蒬　4책(451)

克之者何　1책(181)

劇驂　3책(66)

棘鳫　5책(328)

瘽　1책(226)

勤　1책(233, 236)

覲　1책(261)

近　1책(365)

謹　2책(64)

饉　3책(260)

芹　4책(375)

菫　4책(395)

根　4책(480)

筋角　4책(52)

菫葵　4책(388)

斤斤　2책(280)

根大如指　4책(300)

根本　2책(181)

近上旁陂　4책(149)

根如小貝　4책(325)

根如指　4책(299)

根如指頭　4책(309)

蝬蚓　5책(151)

根柢　3책(183)

根枝節目盤結硯磊　5책(86)

芹茱　4책(375)

近處優閑　2책(350)

菫草　4책(395)

根黃而香　4책(349)

今　1책(253)

禁　2책(66)

襟　3책(116)

衿　3책(117)

金　3책(162)

禽　5책(386)

今南陽冠軍樂鄕數道交錯　3책(65)

鵁鶄也　5책(301)

琴大者二十七絃　3책(199)

今北海劇縣有此道　3책(66)

金石　4책(48)

禁禦不若　1책(125)

今又荐饑　3책(261)

今人亦以覆屋　4책(265)

琴長三尺六寸六分　3책(199)

禁制　2책(66)

今齊之營丘　4책(103)

金鏃翦羽　3책(168)

今之石橋　3책(73)

今之紫貝　5책(253)

今之蕎也　4책(267)

及　1책(300), 2책(109, 139)

急　2책(35)

芨　4책(395)

及我欲之　2책(378)

鵁鳩　5책(282)

汲郡　4책(30)

炭謂高過　4책(144)

扱衣上衽於帶　3책(118)

扱衽　3책(118)

急狹　2책(35)

肯　2책(157)

矜　2책(55)

兢兢　2책(286)

矜憐　2책(408)

耆　1책(143, 327)

祈　1책(164), 2책(200)

幾　1책(248, 365)

汽　1책(250)

曁　1책(300), 2책(378)

基　1책(98, 135), 2책(85, 86)

飢　2책(139)

起　2책(14)

棄　2책(146)

其　2책(194), 3책(37)

氣　2책(198)

旣　2책(230)

祺　2책(87)

器　3책(110)

沂　3책(208)

饑　3책(260)

箕　3책(308)

旂　3책(372)

旖　3책(73)

芑　4책(316)

蘷　4책(434)

琪　4책(45)

蚚　5책(163)

蟣　5책(214)

나

那　1책(152, 223, 324)

儺　1책(225, 319)

難　1책(342)

煖　2책(244)

枏　5책(15)

南郡　4책(33)

南郡獲白虎　5책(411)

南斗　3책(308)

南陵　4책(40)

南方　4책(48, 57), 5책(367)

南方越人采以爲席　4책(433)

南嶽　4책(133, 171)

男唯女兪　2책(24)

男子先生　2책(422)

男子謂女子先生　2책(422)

男子謂姊妹之子　2책(437)

南風　3책(279)

南河　4책(13)

戁　1책(299), 2책(224)

戁而言戱也　2책(224)

迺　1책(324)

乃　1책(324)

喃　3책(145)

乃賡載歌　1책(362)

內爛　3책(133)

乃立冢土　3책(358)

怓　1책(239), 2책(139)

怓如調飢　1책(239)

怓然　2책(140)

年　3책(269)

年穀不登　1책(274)

怒　2책(136)

念　1책(239), 2책(213)

寧　1책(160, 277)

寗　4책(30)

鷑　5책(382)

鷑鳩　5책(319)

猱　5책(449)

玃　5책(417)

猱亦獼猴之類　5책(448)

猱狀　5책(448)

弩弦　4책(63)

玃長　5책(428)

農夫　2책(72)

貀　5책(413)

貀似虎而黑　5책(413)

餒　3책(133)

淖糜　2책(256)

褭驂　5책(504)

蟯　5책(398)

狃　2책(265)

葄　4책(349)

杻　5책(19)

狃忕　2책(265)

能　2책(208), 5책(239)

能食蛇腦　5책(140)

能言語　5책(458)

能舐食銅鐵及竹骨　5책(409)

能興雲霧而遊其中　5책(262)

泥丘　4책(94)

泥濘　4책(94)

泥鏝　3책(25)

尼　1책(268, 364)

苨　4책(293)

尼居息也　2책(349)

尼也　1책(364)

尼者近也　1책(364)

尼者止也　1책(365)

泥少才力　5책(451)

泥聰　5책(510)

泥鰍　5책(210)

다

多　1책(221, 223)
多礓礫　4책(160)
多大　2책(305)
多大石　4책(161)
多貌　1책(223)
多盤石　4책(161)
多小石　4책(160)
多識於鳥獸草木之名　1책(80)
多草木　4책(162)
多華少葉　4책(327)
亶　1책(146, 148, 254)
輝　1책(233)
旦　1책(245)
渾　4책(189)
椴　4책(250), 5책(14)
鷄　5책(301)
檀　5책(34)
貒　5책(446)
癉　1책(227)
丹甲青文　5책(271)
愽愽　2책(326)
旦旦　2책(354)
貒豚也　5책(419)
短頭　5책(401)
短�‌胵　5책(452)
短尾　5책(373)
短味　5책(65)
端緒　1책(128)
搏黍　5책(343)
襢裼　2책(398)
單船　4책(216)

單闋　3책(265)
但有大室　3책(76)
搏者　3책(132)
貒子　5책(419)
斷足　2책(242)
丹朱馮身以儀之　1책(155)
旦卽見日　4책(170)
斷之有白汁　4책(345)
丹穴　4책(83)
丹穴山　4책(84)
丹穴之人智　4책(85)
短喙　5책(541)
達北橇　3책(21)
餤　1책(195)
莢　2책(162)
覃　2책(57)
潭　4책(389)
莢　4책(473)
蟫　5책(159)
娎　1책(129)
薘　4책(346, 455)
譚公維私　2책(437)
啖其子　5책(173)
噉糞土　5책(128)
啖鼠　5책(463)
啖食治擇之名　5책(114)
膽之　5책(113)
莢草色如雛　2책(163)
遝　2책(131)
畣　2책(24)
楉　3책(38)
踏雪馬　5책(491)
當　1책(292)
唐　3책(62), 4책(392, 438)
當歸　4책(248)
當歸今似蘄而粗大　4책(248)

堂途　3책(62)

當途　4책(99)

鷾鸕　5책(359)

螳蜋　5책(153)

螳蜋別名　5책(139)

堂樓閣邊小屋　3책(46)

當陸　4책(371)

堂上　3책(71)

蟷蠰　5책(138)

蟷蠰卵也　5책(139)

唐虞　3책(270)

螗蜩　5책(124)

堂牆　4책(123)

螗蜩　5책(124)

唐棣　5책(93)

堂下　3책(71)

堂下至門徑也　3책(63)

當魱　5책(220)

大　1책(108), 2책(304)

岱　1책(146), 4책(22)

對　1책(157), 2책(220)

待　1책(247)

代　1책(307)

戴　2책(114, 301)

懟　2책(151)

臺　2책(195), 3책(33, 76), 4책(323)

戴値　4책(83)

臺可以爲禦雨笠　4책(323)

大磬　3책(203)

大莖小葉　4책(409)

大鼓　3책(201)

大苦　4책(458)

大苦山　5책(239)

大管　3책(217)

戴丘　4책(101)

大菊　4책(385)

大鬍　5책(428)

大戟　4책(443)

大根　4책(286)

大琴　3책(199)

大麷　3책(226)

岱東　4책(25)

大鮦　5책(210)

大梁　3책(318)

大路　3책(71)

大陸　4책(29, 69)

大陵　4책(69)

璹瑁　5책(270)

大木　5책(47, 80)

大木細葉　5책(34)

大蒙　4책(83)

大蒙之人信　4책(85)

大廟梁材用此木　5책(104)

大防　4책(126)

戴弁服　2책(338)

大腹　5책(441)

大蠡　5책(173)

大阜　4책(69)

大夫方舟　4책(215)

大社　3책(358)

大姒嗣徽音　1책(125)

大山宮小山　4책(157)

大山在外　4책(158)

大傷厥考心　2책(419)

臺上起屋　3책(34)

大笙　3책(206)

戴星馬也　5책(495)

大簫　3책(215)

大小異名　3책(53), 4책(422)

大水溢出　4책(196)

大瑟　3책(197)

戴勝　5책(331)

大豕爲豝　5책(549)

大室山　4책(172)

岱岳　4책(54)

大眼最有毒　5책(261)

大野　4책(28, 69)

大篅　3책(219)

大羊　5책(426)

對揚王休　2책(220)

大羊爲羘　5책(549)

大魚　5책(202)

大如拇指　4책(312)

大如鵝子　3책(210)

大如鷃雀　5책(288)

大如虎豆　5책(134)

大淵獻　3책(265)

大葉　4책(299, 332)

大葉冬藍　4책(436)

大葉長穗　4책(459)

敦盂也　4책(104)

對越在天　1책(150)

大爲駔　2책(127)

大蟷　5책(167)

大而皷　5책(77)

大而險　5책(254)

戴嶲　5책(331)

大者　3책(31), 5책(251)

大者受一斛　3책(111)

大者十九簇　3책(206)

大者如箭竿有節　4책(300)

大者長二三丈　5책(202)

大者長丈許　5책(444)

大者長八九尺　5책(267)

大者蜀　5책(544)

大祭　3책(344)

大薺　4책(262)

大棗　5책(63)

大鍾　3책(212)

岱宗　4책(132)

大衆　3책(358)

大麃　3책(208)

大指處　2책(387)

大辰　3책(306)

大椒　5책(48)

大出尾下　4책(192)

大蟲如指似蠶　5책(187)

大澤　4책(28, 40)

大波爲瀾　4책(201)

大版　3책(108)

大貝　5책(251)

大平　4책(83)

大平之人仁　4책(85)

大麻　5책(427)

大鰕　5책(212)

大鹹　2책(55)

對合　1책(154)

大湖　4책(35)

大火　3책(306)

大鱯　5책(211)

大荒落　3책(265)

大塤　3책(210)

德輶如毛　2책(170)

德音清泠　2책(366)

到　1책(118)

圖　1책(135), 2책(102)

度　1책(135), 2책(62, 138)

都　1책(152)

導　1책(198)

瘖　1책(226)

道　1책(275, 324), 3책(63)

謟　1책(286)

綯　2책(171)

闍　2책(195), 3책(33)

逃　　2책(237)

渡　　2책(268)

涂　　3책(275)

途　　3책(63)

荼　　4책(263, 410)

茶　　4책(269, 469)

稌　　4책(320)

稻　　4책(320)

桃　　4책(456), 5책(113)

稻　　5책(10)

鵨　　5책(371)

途道　　4책(100)

徒歌　　3책(221)

徒杠成　　3책(73)

逃去　　2책(187)

徒擊鼓　　3책(221)

盜庚　　4책(399)

徒鼓磬　　3책(221)

徒鼓瑟　　3책(220)

徒鼓鍾　　3책(221)

道光照　　3책(254)

陶丘　　4책(89)

都丘　　4책(99)

韜旗之竿　　3책(364)

忉忉　　2책(326)

駣駼馬　　5책(481)

盜驪　　5책(488)

道路　　3책(64)

道路所經過　　2책(186)

鴠鵒　　5책(305)

桃李醜核　　5책(112)

徒搏也　　2책(399)

陶斯詠　　1책(339)

徒涉也　　2책(400)

道盛德至善　　2책(380)

道水轉相灌注所入之處名　　4책(218)

蜪蚅　　5책(234)

魛魚　　5책(221)

徒御不驚　　2책(396)

悼王道穢塞　　2책(353)

度于閟天　　1책(135)

屠維　　3책(264)

道人君者之德望　　2책(343)

桃雀也　　5책(307)

逃藏　　1책(267)

稻田塍圩　　4책(92)

涂蕈　　4책(436)

筡中　　4책(429)

途卽道也　　3책(63)

桃枝　　4책(429)

道出丘南　　4책(101)

道出丘北　　4책(102)

途出其右而還之　　4책(100)

途出其前　　4책(101)

途出其後　　4책(102)

桃蟲　　5책(306)

徒吹　　3책(221)

淘河　　5책(296)

道學也　　2책(380)

徒駭　　4책(234)

桃華馬　　5책(510)

篤　　1책(202, 254)

督　　1책(348)

毒　　2책(184)

纛　　2책(258)

犢　　5책(527)

獨者　　4책(146)

獨作之　　3책(220)

敦　　1책(184)

惇　　1책(254)

庉　　3책(283)

敦丘　　4책(87, 104)

庉庉　3책(283)

敦牂　3책(265)

頓躓倒仆　2책(212)

燉煌　4책(16)

突　3책(36)

葵　4책(286)

欻　5책(371)

鵁鴐鳥　5책(341)

動　1책(293, 319), 2책(287)

董　1책(348)

同　2책(184, 214)

冬　3책(245, 253)

凍　3책(297)

棟　3책(39)

罿　3책(98)

彤赤也　5책(511)

同官爲寮　1책(173)

東南　4책(46)

東南隅　3책(16)

東陵　4책(40)

動大衆　3책(358)

冬桃　5책(57)

童梁　4책(445)

東蠡　4책(463)

冬獵　3책(352)

桐木　5책(97)

冬無水　4책(164)

東方　4책(45, 56), 5책(367)

彤白雜毛　5책(511)

東壁　3책(315)

東別爲沱　4책(196)

冬不死　4책(368)

東北　4책(53)

東北隅　3책(16)

冬生葉可煮作羹飲　5책(95)

東西牆　3책(14)

同姓之親無服屬　2책(423)

東嶽　4책(171)

鮦也　5책(205)

東莞縣　4책(236)

犝牛　5책(523)

東齊　1책(146)

冬祭　3책(331)

東齊曰胥　1책(326)

東齊曰遏　2책(38)

東齊曰迨　2책(109)

東至日所出　4책(83)

同出　2책(437, 439)

董澤之蒲　5책(41)

東風　3책(279)

東河　4책(11, 21)

東海　4책(461)

冬鴈　5책(328)

斗　3책(308, 310)

豆　3책(80)

杜　4책(416), 5책(31, 43)

脰　5책(314)

脰項　5책(452)

頭鵁　5책(337)

杜棠　5책(31)

頭戴物　2책(302)

頭大如人擘指　5책(264)

頭似兔　5책(464)

頭上　2책(167)

頭上勝　5책(331)

杜榮　4책(444)

杜衡　4책(416)

遯　2책(186)

得慶氏之木百車於莊　3책(66)

得獸取之無所擇　3책(352)

得自申展　2책(197)

滕　1책(219)

登　1책(274, 301), 3책(83)
橙　5책(25)
滕　5책(262)
滕蛇　5책(262)

라

羅　3책(96), 5책(160)
蘿　4책(292), 5책(56)
蠃　5책(242)
螺大者如斗　5책(242)
羅絡之　3책(96)
羅生而毛　4책(464)
樂　1책(129)
落　1책(98, 162), 5책(24)
濼　4책(368)
絡　5책(218)
駱　5책(511)
絡幕草上者　5책(172)
落時　3책(21, 22)
駱驛相連屬　4책(145)
洛爲波　4책(195)
絡子　5책(218)
樂子之無知　1책(155)
落帶　4책(253)
欄　1책(226)
亂　1책(314, 332, 351)
糷　3책(132)
羉　3책(97)
羉埒　4책(163)
埒丘　4책(97)
剌粗而長　5책(82)
欒繭　5책(192)
亂法　1책(351)
亂是用餤　1책(195)

亂如此憮　1책(109)
欒葉　5책(192)
亂于河　4책(221)
濫泉正出　4책(182)
浪　1책(149)
朗　2책(101)
稂　4책(445)
狼　5책(397)
駺　5책(495)
琅玕　4책(51)
狼尾　4책(264)
狼跋其胡　2책(173)
蜋蜩　5책(124)
來　1책(118, 236), 2책(21)
鶆　5책(228)
鶆鳩　5책(355)
騋牝　5책(503)
騋牝三千　5책(503)
來孫　2책(425)
來孫之子　2책(425)
來獻其琛　2책(93)
蛪　1책(343)
良　1책(359)
量　2책(122)
亮　1책(146, 198, 199)
糧　2책(123)
椋　5책(21)
兩頭蛇　4책(63)
兩頭銳　5책(253)
良士節儉　2책(312)
梁　3책(20, 72), 3책(37), 4책(42)
梁山　4책(48, 176)
兩山相重　4책(137)
兩墇相謂　2책(449)
梁益曰格　1책(301)
兩片相合乃得行　4책(56)

涼風　3책(280)

兩被毛　5책(509)

兩河　4책(11)

兩壺兩瓵　5책(534)

兩階間　3책(47)

梁國　4책(32)

兩手持爲拱　1책(311)

兩厓累者爲岸　4책(124)

兩鳥鳴　2책(345)

涼州呼鉹　3책(148)

廲　5책(426)

戾　1책(118, 142, 247, 268), 2책(33)

慮　1책(135, 239), 2책(231)

旅　1책(170), 1책(221), 3책(63)

勵　1책(198)

黎　1책(221)

厲　1책(293), 3책(273)

臚　2책(25)

戾久將底　1책(268)

驪馬白跨　5책(493)

驪馬黃脊　5책(507)

驪牡　5책(503)

驪白雜毛　5책(509)

勵謂贊勉　1책(198)

戾竹　4책(214)

鴷黃　5책(353, 357)

鸝黃　5책(389)

歷　1책(328, 330), 2책(270)

厤　1책(329)

力　2책(113)

蒿　4책(246, 352)

櫟　5책(54)

酈元　4책(16)

蒿謂其頭臺也　4책(352)

擽之　3책(224)

憐　1책(318)

攣　3책(114)

連　3책(46), 4책(380)

萰　4책(281)

蓮　4책(355)

傊　5책(545)

連繫瑞玉　3책(178)

連觀　3책(46)

練旒九　3책(366)

連山中斷絶　4책(159)

連歲不熟　3책(261)

蓮實　4책(448)

蓮謂房也　4책(355)

連底捅之　3책(224)

連錢驄　5책(509)

蓮中子也　4책(356)

連茗　4책(380)

連草　4책(380)

烈　1책(201, 272, 356)

裂　2책(73)

茢　4책(450)

栵　5책(22)

烮　5책(221)

鴷　5책(358)

列管瓠中　3책(206)

烈烈　2책(291)

茢薽　4책(282)

斂　1책(214)

薕　4책(472)

瑮　5책(536)

薕薍　4책(472)

獵　2책(142)

躐　2책(173)

欜楇　5책(45)

牻牛　5책(523)

令　1책(124, 164)

蘦　1책(162), 4책(458)

聊　5책(34)

撩罟　3책(95)

遼東　4책(45)

獠獵畢弋　3책(356)

僚壻　2책(450)

聊以固吾圉也　1책(291)

料者聲淸而不亂　3책(226)

龍類也　5책(262)

龍門　4책(16)

龍尾　3책(308), 4책(438)

龍星明者　3책(306)

龍爲天馬　3책(306)

樓　1책(214), 3책(76)

屢　1책(216), 2책(45)

陋　2책(37)

累　2책(75)

鏤　3책(162, 190)

婁　3책(316)

瘻　5책(419)

螻蛄類　5책(136)

螻蛄也　5책(120)

樏爲藤　5책(44)

陋人專祿國侵削　2책(364)

蔞蒿　4책(449)

類　1책(124)

流　1책(224), 2책(56), 2책(57)

留　1책(299)

罶　2책(415), 3책(94)

餾　2책(49)

鏐　3책(157)

柳　3책(194, 321)

纇　4책(310)

鶹　5책(288, 382)

留離　5책(384)

留離之子　5책(384)

驑馬白腹　5책(493)

驑馬黃脊　5책(507)

流盤桓也　4책(238)

驑白　5책(507)

流星　3책(329)

類于上帝　3책(340)

鶹鷅　5책(384)

流川　4책(186)

類貙　5책(430)

戮　1책(226)

陸　4책(69)

六孔　3책(210, 217)

六達　3책(66)

六轡　4책(80)

六眼龜　5책(239)

六藝之鈐鍵　1책(73)

六月　3책(274)

六人維王之太常　3책(367)

六日不詹　1책(118)

六畜　5책(550)

倫　1책(233)

綸　1책(367), 2책(269)

淪　2책(183)

榆　5책(37)

綸似綸　4책(461)

律　1책(138, 140), 2책(23, 105), 3책(106)

慄　1책(225), 2책(98)

麜　5책(395)

犦索　4책(213)

律管可以分氣　3책(106)

聿嬪于京　2책(419)

栗栗　2책(335)

隆　4책(147)

隆於漢氏　1책(82)

廩　2책(235)

蘪蕪　4책(292)

淩　2책(98)

마

馬蟬　5책(124)

馬屬　5책(521)

馬逆毛也　5책(503)

禡于所征之地　3책(340)

麻者音概而長也　3책(226)

馬蛓　5책(146)

馬祭　3책(342)

馬蜩　5책(124)

馬藻　4책(370)

馬疾　1책(227)

馬帚　4책(284)

馬蛥　5책(146)

馬八尺　5책(547)

馬頰　4책(235)

麻黃　4책(451)

漠　1책(135), 2책(76)

瘼　1책(227)

嘆　1책(368)

幕　2책(179)

幕也　3책(98)

藐　4책(402)

莫供職也　2책(363)

藐藐　1책(205)

邈邈　2책(315)

莫不善之　3책(255)

幕然暮夜　2책(179)

莫之敢尸　1책(171)

莫知我勩　1책(234)

莫貃　5책(153)

鏝　3책(25)

巒　4책(154)

滿冬　4책(366)

漫艣徹齒　5책(496)

萬物以嘉　3책(255)

萬物蒼蒼然生　3책(243)

蔓生　4책(337, 345, 409, 438)

晚生者　5책(383)

蔓延相被及　2책(57)

蔓延生　4책(349, 458)

蔓于　4책(335)

晚取者爲茗　5책(95)

蔓華　4책(383)

忘　2책(146)

罔　2책(46)

望　4책(414)

荓　4책(428)

藎　4책(444)

蟒　5책(263)

鸏鴟　5책(321)

朿廬　3책(37)

蟒蛇　5책(262)

望厓洒而高　4책(118)

忘也　2책(373)

罔有攸赦　2책(46)

芒草　4책(408)

蔄草　4책(445)

痗　1책(226)

買　2책(159)

邁　2책(39)

妹　2책(422)

藕　2책(67)

霾　3책(286)

莓　4책(447)

梅　5책(15, 33)

藕也　2책(115)

每有　2책(375)

埋藏之　3책(334)

貉　1책(160, 367, 368)

覭　1책(331)

貘　5책(409)

麥句薑　4책(385)

麥李　5책(59)

朦霂　3책(297)

貉爲貚貐　5책(417)

孟　1책(184, 327), 4책(264)

茵　4책(325)

猛憨多力　5책(425)

萌萌　2책(305)

儚儚　2책(316)

孟諸　4책(32)

盟諸僖閎　3책(53)

勔　1책(184)

勉　1책(184), 2책(306)

暘　2책(251)

蜢　5책(124)

勉强　1책(186)

騄馬　4책(464)

騄騄　2책(333)

面顙皆白　5책(496)

勔釗　1책(184)

面柔也　2책(402)

面柔之人常俯　2책(403)

面長脣黑　5책(444)

面姁然　2책(255)

滅　1책(211, 323), 2책(92), 3책(166)

鱴刀　5책(221)

蠛蠓　5책(188)

滅絶　2책(92)

命　1책(164)

明　1책(274), 2책(99~101, 208)

冥　2책(110, 210)

螟　5책(196)

名駒騄　5책(481)

明同實而兩名　3책(11)

螟蛉　5책(182)

明明　2책(280)

冥貌　2책(192)

覭髦　1책(285)

明星　3책(325)

鳴如鴿聲　5책(350)

明亦代昏　1책(307)

名爲罶　2책(415)

鳴自呼　5책(283, 363)

名之爲瀵　4책(192)

鳴蚩　5책(124)

謀　1책(135), 2책(147)

謨　1책(135, 256)

茅　2책(100), 4책(445)

侮　2책(158)

暮　2책(179)

芼　2책(260)

髦　2책(95), 4책(344), 5책(110)

旄　3책(154), 5책(40, 57)

罞　3책(97)

蛑　5책(153)

蝱　5책(196)

牡　5책(391, 394, 395, 397, 506, 533, 534)

謀　1책(318)

毛脚　5책(340)

毛冠　5책(294)

貌光宣　2책(381)

旄丘　4책(107)

冒其頭也　3책(97)

牡菣　4책(257)

暮乃見日　4책(169)

母黨　2책(434)

旄頭　3책(318)

毛蠹　5책(156)

謀慮　2책(147, 231)

毛氂所以爲罽　2책(116)

慔慔　2책(306)

牡茅　4책(439)

鴾母　5책(315)

旄毛　5책(428)

模範同等　2책(185)

髦士　2책(71)

毛色光鮮　5책(366)

茅屬　4책(296)

茅蒐　4책(266)

母與妻之黨　2책(449)

耗亦虛意　3책(311)

謀于南宮　1책(135)

旄牛尾也　3책(155)

旄牛也　5책(523)

謀而不忠　1책(256)

毛刺　5책(443)

茅截　5책(124)

茅蝍　5책(124)

毛鬑淺赤黃色　5책(429)

母之考　2책(434)

母之舅弟　2책(434)

母之妣　2책(434)

母之王考　2책(434)

母之王妣　2책(434)

母之姊妹　2책(434)

母之從父舅弟　2책(434)

牡蠥　4책(386)

摸取　1책(352)

茅鴟　5책(321)

木　3책(153, 161, 162), 4책(482)

牧　4책(65), 5책(526)

騖　5책(293)

莈蒩　4책(406)

木觡　5책(98)

木桂　5책(35)

木瓜　5책(20)

木槿　4책(250)

木豆　3책(80)

木莓　4책(387)

穆穆　1책(205), 2책(283)

木無枝柯　5책(102)

木病尫傴癭腫無枝條　5책(84)

木蠹　5책(174)

木相磨　5책(101)

目上爲名　2책(393)

牧外　4책(65)

木自樊　5책(100)

木族生　5책(117)

木中蠹蟲　5책(129)

木兔　5책(340)

木皮甲錯　5책(102)

蒙　2책(18), 4책(392, 438)

雺　3책(288)

蠓　5책(188)

矇鳥　5책(342)

蒙貴也　5책(448)

蒙蘢　1책(285)

蒙昧　3책(288)

夢夢　2책(314)

蒙汜　4책(83, 84)

蒙頌　5책(448)

蒙華　4책(383)

苗　2책(333), 3책(351)

篍　3책(217)

廟　3책(75)

苗似龍須而細　4책(309)

昴也　3책(318)

廟中路　3책(62)

憮　1책(108, 117), 2책(29)

武　1책(158), 2책(292)

茂　1책(184, 213), 5책(107, 108)

騖　1책(186)

務　1책(186), 2책(158)

蕪　1책(213)

無　1책(265), 2책(46)

貿　2책(36, 159)

舞　2책(377)

撫　2책(42)

霧　3책(288)

痳　5책(20)

武迹也　2책(386)

無感我悅兮　1책(319)

無姑　5책(53)

無功庸者　1책(234)

畝丘　4책(113)

無東西廂, 有室　3책(76)

無祿　1책(374)

毋漉陂池　1책(303)

無鱗　5책(202)

無幠　2책(30)

懋懋　2책(306)

無不健自奮迅　5책(546)

無使尨也吠　5책(541)

無室　3책(76)

無實李　5책(59)

無實棗　5책(65)

舞也　2책(406)

無羔　1책(232)

撫掩猶撫拍　2책(408)

撫掩之也　2책(408)

無緣者　3책(169)

無敖　2책(30)

無憂　1책(232)

莁荑　4책(306)

無夷　5책(53)

無疵　5책(37)

舞者吁嗟而請雨　2책(377)

無子者　4책(257)

舞者之容　2책(406)

茂哉茂哉　1책(184)

拇迹　2책(387)

無前兩足　5책(413)

無前足　5책(413)

無足　5책(199)

無舟楫　2책(400)

無枝　5책(117)

蕪菁　4책(364)

蕪菁屬　4책(286)

無草木　4책(162)

無筅　4책(430)

茂好　2책(333)

無或俯張爲幻　2책(412)

蟖　5책(157)

問　2책(205)

門　3책(51)

虋　4책(316)

鵷　5책(382)

蟲母　5책(350)

門闑　3책(54)

文龜　5책(271)

門橛　3책(55)

門橛也　3책(31)

虋冬　4책(366)

蚊母　5책(350)

門辟旁長橛也　3책(55)

門屛之間　3책(48)

䶂鼠　5책(465)

扷拭　1책(305)

問訊　2책(238)

門兩旁木　3책(20)

文王烝哉　1책(105)

門外　3책(71)

汝爲瀾　4책(195)

門持樞者　3책(21)

門側之堂　3책(54)

文皮　4책(53)

門限　3책(20)

文鷊　5책(297)

勿念　2책(372)

勿忘也　2책(372)

物盛興作之貌　2책(297)

物有氣力多者　5책(546)

物叢緻者爲積　2책(154)

物稱人意亦爲好　2책(104)

美　1책(205), 2책(298)

微　1책(267)

麋　2책(249, 256), 5책(391)

迷　2책(265)

彌　2책(276)

粆　2책(42)

靡　2책(46)

弭　3책(169)

楣　3책(20)

尾　3책(306)

澱　4책(129)

蘪　4책(407)

葞　4책(409)

薇　4책(419)

蘪　4책(426)

薇　4책(426)

味　5책(29)

麢　5책(394)

蛘子　5책(137)

麋罟　3책(97)

麋鴰　5책(290)

未及上　4책(149)

美女　2책(390)

麋鹿　5책(473)

麋鹿之屬　3책(136)

彌離　1책(285)

尾末有岐　5책(455)

美髦鬣　5책(509)

尾毛白　5책(495)

麋蕪　4책(340)

亹亹　1책(184)

亹亹文王　1책(184)

尾白　5책(495)

尾本白　5책(494)

靡不欽玩耽味　1책(84)

美士　2책(391)

尾三尺許　5책(352)

尾上白　5책(348)

麋舌　4책(465)

未成雞　5책(545)

未成羊　5책(536)

美盛之貌　1책(206)

未成毫　5책(540)

靡神不擧　2책(46)

眉眼之間　2책(393)

尾如鰍魚　5책(214)

美玉名　3책(163)

尾有毛　5책(464)

尾猶底也　4책(192)

美人虹　3책(290)

米者　3책(132)

尾長數尺　5책(455)

美樅　4책(152), 5책(104)

尾株白　5책(494)

味酢　4책(363)

米皮　3책(144)

微乎微者也　2책(394)

迷惛　2책(316)

獼猴　5책(450, 454, 475)

督　1책(186)

泯　1책(211)

閔　1책(226)

緡　2책(269)

悶　2책(315)

敏　2책(89, 295), 3책(194)

僶　4책(429)

黽　5책(235)

敏拇也　2책(386)

愍萬物彫落　3책(244)

黽勉　1책(184)

靦沒　1책(184)

瞖不畏死　1책(186)

岷山　5책(523)

岷山導江　4책(196)

民之不能忘也　2책(380)

旻天　3책(244)

民協服也　2책(346)

謐　1책(160)

密　1책(160, 276), 2책(251, 366), 4책(152)

蔤　4책(354)

密肌　5책(186, 316)

바

迫　2책(266)

襮　3책(114)

鑮　3책(212)

駁　5책(483)

駮　5책(60, 507)

樸　5책(69)

博關群言　1책(84)

剝其皮也　3책(136)

雹葵　4책(286)

暴樂　1책(284)

博物不惑　1책(80)

懪懪　2책(315)

璞不揆櫝昧　1책(84)

博三寸　5책(264)

博說道之異名　3책(63)

樸屬　5책(69)

約約　3책(329)

薄言觀者　1책(223)

㸰牛　5책(522)

博而頮　5책(253)

博異語　5책(259)

蟠蟜　5책(139)

剝取皮合漬之　5책(53)

般　1책(129)

返　2책(14)

般　2책(266)

班　2책(267)

蟠　5책(158)

媻　5책(398)

半珪也　3책(174)

般馬之聲　2책(266)

班駮隱鄰　5책(509)

飯相著　3책(132)

飯饐臭　3책(132)

反入　4책(188)

反尊卑也　3책(362)

反踵　5책(444)

飯中有腥　3책(132)

半體之人　4책(62)

鵃鶘　5책(328)

拔　1책(211), 4책(438)

浡　1책(293)

跋　2책(173)

發　2책(70)

芳　4책(424)

芳芨　4책(479)

髮落更生黃者　1책(143)

發生　3책(254)

拔心不死　4책(477)

發揚　2책(220)

發源注海　4책(222)

拔之可復　4책(378)

拔取茉　2책(261)

厖　1책(108, 117)

訪　1책(135)

放　1책(279)

舫　2책(107, 128)

房　3책(306)

防　3책(44)

蒡　4책(334)

魴　5책(227)

蚌　5책(238)

鷟　5책(333)

尨　5책(541)

防隄　4책(153)

方莖　4책(271, 376)

方丘　4책(95)

蚍蜉　5책(136)

方命圮族　1책(168)

房四星謂之天駟　3책(306)

魴魚　5책(227)

訪予落止　1책(98)

訪于辛尹　1책(135)

方二尺四寸　3책(224)

蚌長　5책(237)

旁行連延　4책(106)

放火燒草獵　3책(356)

輩　1책(155)

陪　2책(119)

坯　4책(137)

拜　4책(255)

背公恤私曠職事　2책(363)

杯器素　5책(24)

北戴斗極　4책(83)

北方　5책(367)

背上綠色　5책(291)

背上有文　5책(336)

背上有二十七鈕錯刻　3책(224)

背上蒼艾色　5책(352)

北嶽　4책(172)

陪位爲朝　2책(119)

背脊毛黃　5책(508)

胚胎未成　1책(98)

背皮如鮐背　1책(143)

北戶　4책(77)

魄　1책(265), 5책(34)

伯　1책(327)

柏　5책(13)

帛絳也　3책(365)

白盖　3책(156)

白黂　4책(306)

白鷩　5책(348)

白金　3책(157)

白蘄　4책(297)

伯旣禱　3책(342)

百囊罟　3책(94)

伯勞　5책(387)

白橙　5책(15)

白達素　5책(495)

白脰烏　5책(314)

白鑞　3책(159)

白粱粟　4책(316)

白鷺　5책(361)

白鷺縗　5책(361)

百里一小曲　4책(228)

百里之國　4책(65)

白馬黑鬣　5책(511)

白馬黑脣　5책(512)

白茅　4책(439)

白茅苦也　3책(156)

白苗　4책(316)

白枌　5책(91)

帛似帛　4책(461)

白棟　5책(80)

百姓輯睦　1책(207)

霹靂　3책(294)

闢四門　2책(252)

邊　1책(290), 3책(175)

變　2책(165)

辯　2책(283)

辨　3책(189)

闢　3책(38)

邊　3책(82)

邊孔適等　3책(176)

辯同實而殊號　1책(69)

邊旁　1책(291)

變易　2책(165)

邊要棗　5책(61)

虌　4책(442)

蚊　5책(133)

虌　4책(441)

別蓬種類　4책(260)

別四名也　5책(259)

別山陵間有水者之名　4책(168)

虌三足　5책(239)

別鷦鵯鷦之名　5책(382)

別厓表裏之名　4책(122)

別羽數多少之名　3책(152)

別爲小水之名　4책(196)

別爲晉圖　1책(84)

別杙所在長短之名　3책(32)

驚雄　5책(364)

病　1책(227), 2책(325)

秉　1책(310)

拼　1책(345, 346)

竝　2책(229)

併　2책(229)

病　3책(274)

屛　3책(49)

拜　4책(284)

丙　5책(268)

鉼金　3책(158)

鵯鷦　5책(282)

倂兩船　4책(215)

倂木以渡　4책(216)

炳恡　2책(326)

卑夆　2책(367)

竝兩船　2책(107)

蛈魚　5책(160)

拜云不逮　2책(139)

竝坐鼓瑟　2책(230)

倂漆之　3책(217)

甫　1책(108, 189)

報　1책(282)

俌　1책(289)

輔　1책(289), 5책(42)

黼　2책(68), 3책(181)

寶　2책(93)

步　3책(71, 220)

鴇　5책(509)

寶康瓠　3책(89)

寶龜　5책(271)

步渡約也　3책(73)

黼領　3책(114)

步挽輦車　2책(397)

黼文如斧　2책(68)

黼文畵斧形　3책(181)

服　1책(132, 174), 2책(204, 338)

卜　1책(193)

福　1책(240), 2책(341)

腹　1책(254)

覆　1책(321), 2책(40)

復　2책(14, 265)

纀　3책(119)

菖　4책(299, 322)

復　4책(399)

蹼　5책(377)

剖母背而生　5책(193)

負蠜　5책(147)

煢煢　2책(337)

鳩鴶　5책(278)

扶桑　4책(84)

不相連　4책(158)

復常儀也　3책(362)

賦稅所以評量　2책(122)

扶疎茂盛　5책(108)

夫須　4책(323)

付新死者於祖廟　1책(363)

拊心也　2책(407)

鴟鵬醜　5책(377)

付也　1책(363)

賦役不均　2책(348)

夫王　4책(433)

扶搖　3책(283)

芙蓉　4책(354)

復爲　2책(265)

剖葦　5책(305)

敷蘛　4책(476)

蜉蝣　5책(132)

不律　3책(165)

不若　5책(247)

不榮而實者　4책(482)

不爲牝牡　5책(372)

斧扆　3책(13)

芣苢　4책(459)

附耳外　3책(146)

負而走　4책(58)

婦人盛飾貌　2책(302)

婦人之褌　3책(119)

負一丘於背上　4책(110)

鴟莊　4책(309)

俯者　5책(245)

負雀　5책(299)

副長　1책(321)

不著子　5책(65)

不蜩　5책(137)

皇蚤　5책(147)

苻止　4책(368)

父之考　2책(420)

父之晜弟先生　2책(422)

夫之女弟　2책(449)

父之黨　2책(449)

婦之黨　2책(450)

婦之父　2책(449)

婦之父母　2책(449)

父之妣　2책(420)

夫之庶母　2책(448)

父之世母叔母　2책(421)

父之世父叔父　2책(421)

夫之姊　2책(449)

父之姊妹　2책(422)

夫之弟　2책(449)

父之弟妻　2책(427)

父之從父晜弟　2책(422)

父之從父晜弟之母　2책(426)

父之從父晜弟之妻　2책(427)

父之從父姊妹　2책(426)

父之從祖晜弟　2책(422)

父之從祖晜弟之母　2책(426)

父之從祖晜弟之妻　2책(427)

父之從祖姊妹　2책(426)

父之從祖祖母　2책(427)

父之從祖祖父　2책(427)

父之妾　2책(427)

夫之兄　2책(448)

父之兄妻　2책(426)

不辰　2책(414)

夫桴　5책(93)

浮沈　3책(336)

婦稱夫之父　2책(448)

負版　5책(163)

浮斿　4책(373)

不樊頓　5책(100)

扶風　4책(31, 39)

不解核　5책(58)

踣　2책(187), 5책(100)

北極　3책(322, 323)

北斗　4책(84)

北陸　3책(312)

北陵　4책(40)

北方　4책(52, 62)

北方色黑　3책(311)

北方也　2책(369)

北辰　3책(322)

北嶽　4책(132)

北燕曰遄　2책(38)

北狄　4책(23)

北風　3책(280)

北風其涼　3책(280)

北海有獸　5책(481)

墳　1책(108), 4책(43, 126)

分　2책(135), 3책(106)

僨　2책(188)

奔　2책(210), 3책(71)

饙　2책(49)

蕡　3책(201)

潠　4책(192)

膹　4책(360)

紛　5책(225)

賁　5책(239)

奮　5책(365, 537, 546)

豮　5책(400)

坋　5책(533)

蕡　5책(85)

焚輪　3책(282)

分別蟲唊食禾　5책(197)

分部　2책(135)

濆沸涌出　4책(192)

鼢鼠　5책(461)

奔星　3책(329)

饙熟爲餾　2책(49)

奮迅　2책(218)

奮迅其頭　5책(454)

盆也　3책(84)

潠源皆潛相通　4책(192)

枌榆先生葉　5책(92)

汾陰　4책(192)

汾陰縣有水口　4책(192)

蕡長八尺　3책(201)

分齊也　2책(247)

祓　1책(240)

弗　1책(332)

茀　2책(264)

黻　2책(68, 273)

第　3책(125)

緋緯也　4책(213)

不可待　2책(370)

不可襄也　2책(149)

不可以茹　2책(62)

不敢縣於夫之楎椸　3책(31)

不謙遜也　2책(380)

不過　5책(138)

不窋之曾孫　2책(425)

不及　2책(378)

不懸不竦　1책(225)

不念鞠子哀　2책(31)

不能俯　2책(402)

不能仰　2책(403)

不道也　2책(372)

不得已　2책(378)

不來也　2책(370)

祓祿康矣　1책(241)

茀離　1책(285)

緋纚維之　4책(213)

黻文如兩己相背　2책(68)

茀方　5책(500)

不復畫之　3책(376)

不比不飛　4책(57)

不比不行　4책(56)

不俟　2책(370)

不徜息焉　2책(26)

不速之客　2책(92)

不遜也　2책(379)

不湑　4책(119)

不循軌跡也　2책(371)

不時也　2책(414)

不欲令曳地　3책(367)

不踰矩　1책(141)

不寠故也　1책(218)

不蹟也　2책(370)

不專一　2책(47)

不主於飮酒　1책(282)

不徹　2책(372)

不菑畲　4책(74)

不昏作勞　1책(186)

不遑啓處　2책(225)

不遹　2책(370)

崩　1책(374)

丕　1책(108)

畁　1책(123, 193)

妃　1책(153, 155, 157)

媲　1책(157)

圮　1책(168), 2책(40)

排　1책(227)

肶　1책(254)

埤　1책(254)

比　1책(289)

紕　1책(289)

愍　1책(338)

俾　1책(345, 346), 2책(96)

朏　2책(37)

妣　2책(418)

贔　2책(53)

庇　2책(77)

紕　2책(97)

扉　3책(54)

肥　4책(191)

菲　4책(298, 364)

秠　4책(317)

蜚　5책(121)

蟦　5책(175)

魾　5책(211, 227)

盧　5책(237)

貔　5책(420)

羆　5책(424)

駓　5책(510)

跳　2책(242)

薦　4책(261)

貔貍　5책(416)

斐文貌　2책(381)

彎靶勒　3책(128)

庳脚　5책(441)

比肩民　4책(62)

比肩獸　4책(58)

悲苦征役　2책(351)

備具　1책(317), 2책(217)

鼻口在頷下　5책(202)

鼻露向上　5책(455)

比目魚　4책(56)

肥美多鯁　5책(220)

蚍蜉　4책(326)

肶輔　1책(254)

蚍蜉　5책(167)

丕丕　2책(304)

狒狒　5책(443)

鼻上者卽食角也　5책(441)

飛生　5책(352)

比船爲橋　4책(215)

比葉　4책(399)

蜱蛸　5책(139)

庳小　5책(22, 522)

轡所貫也　3책(128)

轡首　3책(128)

飛翅作聲者　5책(148)

厞用席　2책(37)

毗劉　1책(284)

飛蟙　5책(168)

芘宜爲服　4책(286)

卑而大　4책(142)

俾爾戩穀　1책(241)

埤益　1책(254)

比翼　5책(356)

比翼鳥　4책(57)

非人爲之　4책(97)

鞞琫　3책(168)

蜌卽負盤　5책(121)

飛卽伸其脚跟企直　5책(378)

飛且乳　5책(352)

扉柩　3책(21)

飛縮脚腹下　5책(379)

飛則鳴　5책(311)

非台小子　1책(189)

枇杷　5책(36)

譬況　2책(235)

賓　1책(132)

嬪　2책(451)

貧　2책(83)

蘋　4책(373)

牝　5책(391, 394, 395, 397, 403, 506, 533, 535)

邠國　4책(76)

貧陋　2책(83)

牝痺　5책(335)

頻伸天撟　5책(477)

嬪于虞　2책(419, 451)

頻仍　1책(254)

聘　2책(205)

冰　3책(138)

冰臺　4책(328)

冰雪　3책(139)

사

賜　1책(123)

嗣　1책(158)

事　1책(174, 236)

奢　1책(179)

師　1책(221), 2책(144), 5책(401, 540)

寫　1책(232)

思　1책(238, 239), 2책(294)

祀　1책(240)

祠　1책(242), 3책(330)

祀　1책(242), 3책(269)

竢　1책(247)

肆　1책(251, 253), 2책(113)

詐　1책(256)

射　1책(271)

斯　1책(295), 2책(12)

徙　1책(309)

赦　1책(313)

舍　1책(313)

使　1책(345, 346)

士　1책(355)

死　1책(374)

私　2책(177, 437)

耘　2책(329)

姒　2책(438)

榭　3책(33, 76)

汜　4책(128)

鱉　5책(207)

謝　5책(246)

貄　5책(439)

騇　5책(506)

虒　3책(22)

豺　5책(416)

四脚　5책(267)

似葛而麤大　5책(44)

賜絹百匹　5책(465)

蛇頸　5책(308)

莎雞　5책(161)

似薊而肥大　4책(252)

使供職　2책(96)

四骹皆白　5책(490)

邪交落帶　3책(119)

沙丘　4책(106)

四國是訛　2책(172)

四國是皇　2책(203)

事厥考厥長　2책(419)

似葵　4책(327)

似葵而香　4책(416)

四極　4책(76, 78, 86)

四氣和　3책(253)

四達　3책(65)

似獺　5책(455)

樝桃　5책(58)

四道交出　3책(67)

四瀆　4책(222)

使涷雨兮灑塵　3책(297)

似藜　4책(253)

使令　1책(345)

樝梨　5책(113)

似貍　5책(423, 440)

似李樹　4책(250)

似馬而牛蹄　5책(487)

似茅　4책(265)

似獼猴而大　5책(455)

四方　4책(64)

四方極遠之國　4책(77)

四方而高　3책(76)

四方雊之名　5책(367)

四方昏荒之國　4책(78)

邪僻　2책(318)

姒婦　2책(440)

似梟　4책(58), 5책(294, 338)

麝父　5책(421)

似鮒子而黑　5책(222)

樝似梨而酢澀　5책(114)

似蛇牀　4책(340)

似山雞而小　5책(364)

似山鵲而小　5책(280)

蛇牀　4책(418)

臟鼠　5책(462)

嗣先公爾酋矣　1책(373)

嗣世統故也　2책(422)

似小藜　4책(302)

思所生也　2책(351)

似綬　4책(273)

莎蒩　4책(351)

師叔　1책(178)

四時　3책(251)

似著　4책(284)

四時之別號　3책(254)

四時和　3책(254)

似鴨而小　5책(336)

賜與　1책(123, 193)

似鴉而短頸　5책(291)

山麻   4책(427)

山莓   4책(387)

山峰頭巉巖   4책(150)

山蒜   4책(246)

山桑   5책(99)

山上有水   4책(163)

山上平   4책(147)

山西   4책(169)

山小而高   4책(140)

山如堂者   4책(152)

狻麑   5책(432)

狻猊日走五百里   5책(432)

山烏   5책(345)

山有木   3책(161)

山有穴   4책(168)

山陰縣   4책(46)

山鵲   5책(298)

酸漿   4책(404)

山長春   4책(148)

酸漿草   4책(304)

山樗   5책(11)

山巔   4책(150)

山絶   4책(159)

山頂   4책(150, 170)

酸棗   5책(62)

山中多有此菜   4책(246)

山中央高   4책(147)

山脊   4책(148)

山蔥   4책(246)

山冢宰崩   4책(151)

山楸   5책(10)

山雉   5책(364)

山隋   4책(154)

山薤   4책(246)

山夾水   4책(167)

山形似甄   5책(485)

山形如累兩甄   4책(155)

山形長狹   4책(154)

殺   1책(181, 182)

樧   5책(111)

殺老牛   1책(171)

薩薩   4책(306)

殺敵爲果   1책(179)

糝   3책(96)

三孔而短小   3책(219)

三達   3책(64)

三道交   3책(66)

三成   4책(91)

三歲   4책(74)

三襲   4책(136)

三染   3책(180)

三隅竈   2책(118)

三月   3책(274)

三月哉生魄   1책(98)

三危山   4책(16)

三足龜   5책(239)

三足鼈   5책(239)

三簧一和而成聲   3책(206)

爇   1책(337)

祥   1책(124), 2책(87), 3책(259)

常   1책(138)

相   1책(198, 263, 331), 2책(176), 3책(274)

尙   1책(199), 2책(26)

傷   1책(238)

嘗   1책(242), 3책(331)

爽   2책(47)

象   3책(161, 162), 4책(48)

商   3책(194, 269, 347)

蟓   5책(130)

蠰   5책(190)

鷞   5책(355)

翔   5책(376)

上天   3책(245)
常棣   5책(94)
相觸邏   1책(260)
桑蟲   5책(182)
商度   2책(138)
相通小門也   3책(52)
床版   3책(188)
螭何   5책(164)
相扞衛   2책(241)
桑鳸   5책(303, 328)
上橫梁   3책(21)
塞   2책(67), 3책(273)
塞孔穴   2책(67)
色白   4책(227)
嗇夫   2책(72), 4책(461)
色似鶉   5책(288)
色小白   5책(12)
色容不盛   1책(227)
色有深淺   5책(509)
色蒼黑   5책(450)
甥   2책(436)
生   2책(60, 331)
麁   5책(463)
生菰草中   4책(338)
生南方   5책(47)
生山上   4책(347)
生山中   4책(420, 428), 5책(12),
生我劬勞   1책(227)
生於水邊   4책(427)
生於水中   4책(426)
生曰父母妻   2책(419)
笙鏞以間   3책(212)
生鬱林   5책(344)
生囑   5책(324)
生澤中者   5책(40)
生哺   5책(324)

生下田   4책(309, 449)
生海邊   4책(433)
生海中   4책(455)
逝   1책(122)
舒   1책(128), 2책(257)
叙   1책(128), 2책(25)
緒   1책(128, 174)
庶   1책(221), 2책(124)
瘋   1책(226)
胥   1책(325, 331)
徐   2책(304)
遾   2책(38)
壻   2책(449)
誓   2책(64, 107)
序   3책(14)
瑞   3책(149)
犀   3책(161), 4책(48), 5책(441)
胥   5책(525)
鼠脚   5책(339)
庶姜孼孼   2책(302)
筮龜   5책(272)
庶幾   2책(26)
庶幾僥倖   2책(125)
西南   4책(48)
西南隅   3책(15)
西陸   3책(318)
西陵   4책(40)
胥盟者何   1책(331)
庶母   2책(427)
徐聞   5책(522)
鼠文彩如豹者   5책(465)
鼠尾   4책(262)
西方   4책(50, 58), 5책(367)
西方之宿   3책(318)
西伯堪黎   1책(179)
黍蓬   4책(260)

庶婦　2책(449)

鼠負　5책(158)

舒鳧　5책(293)

鼠蝚　5책(177)

西北　4책(51)

西北隅　3책(16)

黍三斛八斗　4책(317)

鋤屬　3책(90)

鼠屬　5책(472)

叙詩人之興詠　1책(69)

鼠身長須而賊　5책(414)

西嶽　4책(171)

舒鴈　5책(292)

鼠莞　4책(261)

西王母　4책(77)

犀牛皮角　4책(48)

西隃　4책(40)

瑞應鳥　5책(308)

鼠耳　4책(440)

舒而脫脫兮　2책(257)

庶人乘泭　4책(216)

庶者衆多　2책(124)

鼠梓　5책(49)

鼠在內　5책(372)

庶績咸熙　1책(312)

鼠前　4책(59)

徐州　4책(21)

棲遲　1책(315)

壻之黨　2책(450)

壻之父　2책(449)

西至日所入　4책(83)

瑞草　4책(288)

西風　3책(280)

西河　4책(11, 15)

碩　1책(108)

席　1책(108)

錫　1책(123), 3책(158)

釋　1책(132)

淅　2책(336)

石　3책(162)

蕮　4책(348)

楉　5책(101)

晳　5책(65)

石杠　3책(73)

釋詁　1책(94, 189)

釋古今之異言　1책(98)

釋丘　4책(86)

釋宮　3책(9)

釋器　3책(79)

石戴土　4책(166)

石蜋　5책(153)

菥蓂　4책(262)

析木　3책(308)

釋木　5책(9)

石髮　4책(389)

釋山　4책(130)

石山上有土者　4책(166)

鼫鼠　5책(464)

釋水　4책(179)

釋獸　5책(390)

釋樂　3책(192)

昔也　2책(413)

夕陽　4책(169)

釋魚　5책(200)

釋言　2책(9)

石芸　4책(450)

石衣　4책(389)

錫爾玠珪　3책(174)

石絕水者爲梁　3책(73)

釋鳥　5책(277)

釋地　4책(9)

蜥蜴　5책(258)

釋天　3책(229)

釋草　4책(245)

釋畜　5책(480)

釋蟲　5책(118)

釋親　2책(417)

釋訓　2책(279)

善　1책(124)

鮮　1책(124, 280, 281), 4책(158)

獮　1책(182), 3책(351)

宣　2책(15, 223), 3책(174)

煽　2책(179)

廯　2책(235)

選　2책(95)

銑　3책(167, 170)

船　5책(17)

蟺　5책(173)

先姑　2책(448)

善顧　5책(450)

先舅　2책(448)

善登木　5책(438)

旋流　4책(187)

旋毛所在之名　5책(501)

旋毛在腹下如乳者　5책(500)

旋覆　4책(399)

善父母爲孝　2책(388)

仙鼠　5책(346)

羨蟬鳴自得　2책(353)

善粲領　5책(457)

善陞顴　5책(484, 486)

善援　5책(449)

先祖于摧　1책(118)

銑卽美金　3책(167)

先集維霰　3책(295)

善捉雀　5책(300)

選擇　1책(224)

旋風也　3책(284)

善兄弟爲友　2책(388)

先後　2책(275)

偰　2책(137)

設　2책(86)

楔　3책(20), 5책(22)

齧　4책(260, 388), 5책(300)

齧甘草　4책(58)

設敎令也　2책(360)

說物臭也　3책(131)

齧髮　5책(130)

齧桑　5책(130)

洩洩　2책(360)

挈貳　3책(290)

殲　1책(211)

剡　1책(343)

纖細似龍須　4책(261)

蟾蜍蘭　4책(282)

纖頂者　4책(90)

蟾諸　5책(234)

燮　1책(208)

欇　5책(45)

欇欇　5책(51)

燮友柔克　1책(208)

攝提格　3책(265)

攝提貞於孟陬　3책(274)

省　1책(124, 355)

誠　1책(146, 148)

成　1책(274), 2책(268)

聖　2책(148)

盛　2책(179), 4책(153)

聲　2책(20, 137)

渻丘　4책(103)

星紀　3책(310)

星名　3책(329)

城門臺　2책(195)

星四方似口　3책(315)

猩猩　5책(457)

盛飾宴安　2책(350)

聲如小兒啼　5책(267)

成猶重也　4책(88)

聲音　2책(137)

盛酒尊　3책(110)

城池空者爲壑　2책(260)

城池無水者　1책(220)

盛疾之貌　2책(308)

成平縣　4책(235)

稅　1책(313)

齭　5책(473)

洗　5책(63)

細莖大葉　4책(246)

歲名　3책(272)

世母　2책(426)

世父　2책(422)

世世昌盛長無窮　2책(342)

歲十月　3책(73)

歲陽　3책(264)

細葉　4책(337, 342, 345), 5책(19)

細葉赤莖　4책(438)

細腰蠡　5책(182)

世有爲嫡者　2책(422)

細栗　5책(22)

細作　2책(239)

細枝翹繚上句者　5책(116)

世統異故　2책(421)

細貝　5책(252)

笑　1책(149)

紹　1책(158)

劭　1책(184)

昭　1책(201, 261)

少　1책(281)

騷　1책(319)

所　2책(197)

宵　2책(226)

小　2책(264, 322)

召　2책(92)

巢　3책(206)

簫　3책(215)

蘇　4책(314)

蕭　4책(454)

篠　4책(46, 431)

纗　4책(464)

炤　5책(185)

嗉　5책(380, 474)

素鼻莖也　5책(496)

紹介　1책(199)

所渠幷千七百　4책(227)

蕭繭　5책(192)

少雞爲鶵　5책(383)

少姑　2책(448)

簫管之屬　4책(290)

小龜也　5책(271)

小國困竭　2책(348)

小閨　3책(53)

素錦綢杠　3책(364)

小跽　2책(250)

小椋　5책(33)

小頭庫脚　5책(409)

小驢　5책(414)

小鱧爲鮵　5책(210)

小領　5책(488)

小罍　3책(111)

燒燎　2책(117)

召陵扶夷縣　5책(413)

小馬　5책(505)

小麥　4책(456)

小貌　2책(264)

小木　5책(42)

小蚌　3책(170), 5책(244)

召伯所稅　1책(314)

小豶豬　5책(400)

蔬不熟　3책(260)

小山发大山　4책(144)

小山別大山　4책(158)

小山在中　4책(158)

小山叢羅　4책(143)

消雪　3책(295)

霄雪　3책(295)

小葉　4책(423), 5책(76)

慅慅　2책(307)

漫漫　2책(336)

蠨蛸　5책(178)

掃刷　1책(305)

所受渠多　4책(228)

素陞龍于紭　3책(365)

少室山　4책(174)

埽室聚交　3책(17)

小覤　3책(86)

昭陽　3책(264)

小魚　5책(216)

昭余祁　4책(36)

小如胊　4책(307)

蕭葉　5책(192)

小雨　3책(297)

蘇有毛　4책(334)

少肉多膏　5책(214)

小戎俴收　2책(170)

所以結好媛　2책(390)

所以鼓敄　3책(224)

所以鼓柷　3책(223)

所以廣異訓　2책(268)

小而多群　5책(312)

小而不櫚　5책(441)

所以約勤謹戒衆　2책(64)

小而皷　5책(77)

小而衆　4책(143)

所以止扉　3책(55)

所以出醴泉　3책(256)

所以致景風　3책(255)

小而橢　5책(254)

小而好啼　5책(457)

小人得志憍蹇之貌　2책(313)

小者　3책(201, 206), 4책(422), 5책(167, 251)

紹者　4책(307)

小者如雞子　3책(210)

小者尺二寸　3책(208)

小牆當門中　3책(49)

小階曰泜　4책(225)

宵田　3책(355)

小鯖朐也　5책(463)

小隄　4책(98)

小鳥也　5책(287)

小洲曰隄　4책(225)

小鼀長脚者　5책(178)

小枝上繚　5책(116)

小沚曰坻　4책(225)

紹欥　4책(307)

素質五彩　5책(366)

小草　4책(273, 327, 451)

所出同所歸異爲肥　4책(191)

小虫　5책(161)

小蟲　5책(188)

所寢　5책(402)

燒土爲之　3책(210)

小波爲淪　4책(202)

掃彗　3책(326)

宵厲　5책(328)

素華　4책(433)

小黑蠹蟲　5책(137)

小黑鳥　5책(283)

小黑蟲　5책(166)

續 1책(158, 361)
速 1책(216, 218), 2책(92), 5책(394)
謖 2책(14)
屬 2책(178)
蕒 4책(377)
遬 4책(439)
樧其 5책(72)
續斷 4책(378)
楸樸 5책(96)
屬負玆 3책(185)
速速 2책(364)
速也 2책(34)
蒔者 3책(155)
屬者 4책(145)
遜 2책(186)
孫 2책(423)
蒝蕪 4책(362)
孫猶後也 2책(424)
孫之子 2책(424)
率 1책(133), 2책(183)
宋 1책(146, 176), 4책(32)
竦 1책(225)
訟 2책(209)
送 2책(51)
松柏之鼠 4책(152), 5책(104)
蜙蝑 5책(148)
竦翅上下 5책(375)
松葉柏身 5책(104)
宋有泰丘社亡 4책(112)
蜙蝑 5책(148)
刷 1책(305)
灑 3책(197)
瑣瑣 2책(322)
瑣瑣姻亞 2책(450)
洒謂深也 4책(118)
釗 1책(184, 261)

釗我周王 1책(262)
壽 1책(143)
雙 1책(155)
羞 1책(197)
誰 1책(204)
收 1책(214)
蒐 1책(214), 3책(351)
數 1책(216, 329)
籆 1책(236)
㵽 1책(247)
綏 1책(277)
酬 1책(282)
垂 1책(290), 4책(399)
首 1책(98, 359), 5책(491)
戍 2책(143)
囚 2책(196)
遂 2책(220)
雖 2책(375)
嫂 2책(439)
璲 3책(149)
綏 3책(178), 4책(272, 461)
繠 3책(178)
鏉 3책(190)
修 3책(221, 273)
狩 3책(352, 356)
樹 3책(49)
岫 4책(168)
茜 4책(288)
蒨 4책(315, 393)
須 4책(334, 362), 5책(478)
秀 4책(482)
鮂 5책(208)
獸 5책(386, 477)
橬 5책(56)
雿 5책(367)
餐飯爲餴 2책(49)

羷豬　4책(476)

修長也　3책(77)

藪厚也　4책(40)

豎角牛　5책(525)

穗間有華　4책(376)

水決入澤中者亦名爲汧　4책(200)

水經　4책(16)

壽考之通稱　1책(143)

水曲如鉤　4책(238)

守瓜　5책(135)

水龜　5책(272)

水狗　5책(287)

守宮　5책(258)

守宮槐　5책(75)

守氣　4책(412)

誰其尸之　1책(171)

垂其腴　5책(194)

水多阨狹　4책(238)

水多約絜　4책(237)

首大如擘　5책(264)

水道簡易　4책(237)

須贏　5책(351)

水落貌　1책(336)

水潦所止　4책(94)

水潦所還　4책(97)

菠薐　4책(331)

水流渳沆　2책(240)

樹木　4책(214)

樹木叢生　5책(86)

遂幠大東　1책(117)

水無所通者　4책(128)

水邊　4책(127)

水邊地　4책(205)

受福不那　1책(223)

樹似白楊　5책(15)

搜索取不任者　3책(351)

誰昔　2책(413)

水蔿也　4책(378)

水雪雜下者　3책(295)

收成　3책(254)

壽星　3책(301)

樹小　5책(62)

樹小如梔子　5책(95)

須屬　5책(478)

邃邃　2책(297)

稜稜　2책(333)

垂水　4책(426)

戍守所以止寇賊　2책(143)

受食之處　5책(380)

樹實繁茂菴藹　5책(85)

水深之別名　2책(59)

守圉　1책(291)

樹葉缺落蔭疏　1책(284)

樹葉細而岐銳　5책(80)

誰謂荼苦　4책(269)

雖由　5책(191)

厓屩　4책(150)

茱萸而小　5책(111)

樹蔭翳覆地　5책(101)

樹蔭爲麻　2책(77)

繡刺黼文以褾領　3책(115)

璲者玉瑞　3책(149)

水自河出　4책(195)

獸長麏麇　5책(391)

鬚長數尺　5책(212)

水底行也　4책(210)

守田　4책(412)

授政任功　1책(189)

水鳥也　5책(291)

隨從　1책(210, 346)

水中　4책(226)

水中可居　4책(236)

水中芰　4책(384)

水中箄筏　2책(128)

水中沙堆爲潬　4책(189)

水中小洲爲陼　4책(93)

水中蛭蟲喜入人肉者　5책(230)

樹枝曲卷似鳥毛羽　5책(106)

樹枝相切磨　5책(101)

水泉　4책(224)

水泉潛出　4책(190)

水荐至　2책(41)

水醮　4책(194)

水草交爲湄　4책(206)

水醮盡　4책(194)

壽春縣　4책(116)

水出去復還　4책(201)

水出其右　4책(103)

水出其前　4책(103)

水出其左　4책(103)

水出其後　4책(103)

水苔　4책(389)

水涸而成梁　1책(303)

修毫　5책(439)

水環繞之　4책(97)

水鴞　5책(333)

淑　1책(124)

肅　1책(195, 216, 218), 2책(20)

孰　1책(204)

夙　1책(245)

儵　1책(98, 293)

叔　2책(449)

琡　3책(174)

塾　3책(54)

茜　4책(335)

驌　5책(411)

宿莽　4책(478)

叔母　2책(427)

叔父　2책(422)

蕭蕭　2책(283, 284)

儵儵　2책(352)

儵甚也　1책(293)

夙夜匪懈　2책(222)

夙夜惟寅　1책(244)

肅嗺和鳴　2책(20)

鮛鮪　5책(218)

儵載南畝　1책(98)

純　1책(108), 3책(115)

順　1책(128, 170), 2책(29)

循　1책(133)

詢　1책(135, 146)

洵　2책(130)

徇　2책(15)

筍　4책(289), 4책(430)

珣　4책(45)

笋　4책(476)

鶉　5책(335)

犉　5책(525, 548)

順流而下曰泝游　4책(220)

順流七里　4책(210)

順殺氣也　3책(352)

詢于八虞　1책(135)

恂慄也　2책(380)

純陰用事　3책(275)

鶉子　5책(382)

循行　1책(134)

鶉火　3책(321)

述　2책(23)

祏　3책(115)

崧　1책(177)

崇　1책(177, 178, 210)

崒　4책(139)

嵩高　4책(172)

崇期　3책(67)

寔　1책(371)

式　2책(63)

飾　2책(97)

植　3책(36)

食根　5책(196)

食其中蟲　5책(306)

寔來者何　1책(371)

寔命不猶　2책(102)

食苗心　5책(196)

式微式微者　2책(394)

食桑葉作繭者　5책(191)

食葉　5책(196)

息愼　4책(40)

食魚　5책(287)

食爲粱　2책(164)

食饐　3책(131)

食已復出嚼之也　5책(473)

飾以組　3책(366)

食人　5책(430, 443)

植者名虞　3책(153)

食節　5책(196)

食之少味　5책(18)

蕼菜　4책(364)

食虎豹　5책(483)

信　1책(146)

愼　1책(148, 160, 338)

訊　1책(164), 2책(218, 238)

身　1책(189, 192), 2책(69)

藎　1책(195)

申　1책(210)

神　1책(210, 332, 338)

迅　1책(216), 2책(308), 5책(397)

晨　1책(245)

娠　1책(319)

矧　2책(235)

阭　4책(40)

神　5책(100)

蜃　5책(238, 244)

麎　5책(391)

迅疾　5책(430)

蜃蚳醢　5책(169)

臣竭忠　2책(346)

辛苦　2책(55)

身廣三寸　5책(264)

神龜　5책(269)

迅頭　5책(454)

神罔時恫　2책(216)

新婦　2책(439)

呻也　2책(410)

呻吟之聲　2책(410)

愼爾優游　1책(148)

愼爾出話　1책(258)

新田　4책(74)

迅走　5책(430, 443)

臣盡力也　2책(346)

新菜可汋　3책(330)

晨風　5책(347)

晨見東方爲啓明　3책(325)

身狹而長　5책(132)

悉　1책(211)

實葉皆似芥　4책(329)

實似梨而小　5책(56)

實似苺而小　4책(394)

實小而員　5책(63)

蟋蟀　5책(143)

實如桃而小　5책(58)

實如山茱萸　4책(305)

實如小瓜　5책(20)

實如耳璫　5책(87)

室謂之宮　3책(11)

室有東西廂　3책(75)

實維我儀　1책(155)

室中　3책(71)

室中隱奧之處　3책(15)

實酢　5책(25, 62)

諶　1책(146, 148)

審　1책(321)

煁　2책(117)

心　2책(147), 3책(306), 5책(96)

甚　2책(194)

諗　2책(213)

深　2책(59, 201)

霃　3책(148)

椹　3책(26)

沈㒵　5책(336)

心焉惕惕　2책(300)

尋繹復祭　3책(346)

深衣之裳　3책(119)

鱏而短　5책(202)

深二尺八寸　3책(224)

鱏鱣之魚　5책(218)

審諦　1책(321)

深則厲　4책(207)

十三簧者　3책(206)

十籔　4책(40)

十羽　3책(151)

十月　3책(274)

十六管　3책(215)

十二月　3책(275)

十一月　3책(275)

雙玉曰瑴　3책(150)

아

我　1책(189)

迓　1책(357)

亞　2책(213, 449)

莪　4책(292)

阿　4책(69)

蛾　5책(160)

鵝　5책(292)

我歌且謠　3책(221)

我車旣攻　1책(125)

我孔熯矣　1책(244)

阿丘　4책(108)

我舅者　2책(436)

阿那垂條　5책(111)

我受命溥將　1책(109)

我心則夷　2책(167)

峨峨　2책(339)

阿陽　1책(193)

鴉烏也　5책(312)

莪蒿也　4책(292)

握　2책(217)

樂　2책(340)

咢　3책(221)

堊　3책(26)

蝁　5책(261)

鶚　5책(284)

蝁子　5책(261)

樂禍助虐　2책(361)

按　1책(268)

安　1책(268, 277, 366, 368), 2책(302)

岸　4책(118, 124)

鴳　5책(302)

鷃　5책(494)

安寧　3책(254)

鴈門　4책(40, 59)

雁門山　4책(41)

岸上　4책(125)

安徐　2책(304)

晏晏　2책(288, 354)

眼眥黑　5책(526)

鳾雀　5책(302)

安靜　1책(276)

鴈齒　4책(464)

戛　1책(138), 2책(194)

謁　1책(164), 2책(19)

遏　1책(268), 2책(38, 143)

钁　3책(127)

貜貐　5책(430)

鴰鶮　5책(281)

閼逢　3책(264)

闇　2책(192)

黶　5책(415)

隘　2책(192)

鶷屬　5책(335)

鶷也　5책(315)

暗然　2책(192)

闇亂　2책(314)

岩穴　4책(169)

狎　1책(298), 2책(161)

鴨也　5책(293)

姎　1책(189)

卬　1책(189)

盎　3책(84)

卬鼻而長尾　5책(455)

仰者　5책(246)

愛　1책(318), 2책(299)

艾　1책(327, 328, 331, 334), 4책(328)

薆　2책(84)

僾　2책(85)

餲　3책(131)

藹　5책(85)

厓水邊　4책(118)

厓內　4책(122)

哀我�人　1책(234)

厓岸　4책(129)

藹藹　2책(293, 346)

哀哀　2책(351)

愛忨　2책(227)

艾蒿　4책(328)

蚅　5책(187)

蚭　5책(403, 549)

緆女　5책(165, 166)

櫻桃　5책(57, 94)

嚶嚶　2책(345)

夜　2책(226)

野　4책(65, 76)

野菅　4책(296)

夜獵載鑪照也　3책(356)

野馬　5책(482)

夜飛　5책(185)

野外　4책(65)

野牛筋角　4책(53)

若　1책(124), 2책(29, 102)

禴　1책(242)

箹　3책(219)

礿　3책(330)

蒻　4책(280)

若木之有根　3책(303)

約束之　3책(108)

瀹食也　4책(334)

躍躍　2책(308)

籥如笛　3책(219)

藥草　4책(455)

藥草也　4책(300)

羕　1책(176)

陽　1책(193), 3책(274)

洋　1책(223)

痒　1책(226)

恙　1책(232)

饟　1책(308)

養　1책(334)

儴　1책(347)

揚　1책(361), 2책(220)

襄　2책(149, 243)

楊　4책(252), 5책(41)

鸒　5책(348)

羊　5책(473, 533)

驤　5책(492)

瘍瘡也　2책(384)

陽溝　5책(550)

陽氣消也　2책(226)

養其樲棘　5책(62)

羊桃　4책(456)

羊六尺　5책(548)

陽羨縣　5책(239)

陽城縣　4책(174)

羊屬　5책(537)

楊檖　5책(56)

羊矢棗　5책(63)

洋洋　2책(294)

穰穰　2책(341)

陽如之何　1책(193)

楊陓　4책(31)

洋溢　1책(223)

羊蹄　4책(363)

羊棗　5책(63)

楊州　4책(18)

楊徹　5책(62)

揚側陋　2책(37)

羊齒　4책(464)

於　1책(152, 307)

圉　1책(290), 2책(66), 3책(273)

飫　2책(177)

禦　2책(66), 3책(126)

魚　3책(133, 137, 140), 5책(478, 512)

魚去乙　5책(268)

魚罟　3책(98)

魚鳩　5책(338)

魚毒　5책(47)

魚得寒　3책(96)

魚罔也　3책(94)

魚目也　5책(513)

魚尾　5책(268, 308)

魚婢　5책(222)

漁陽　5책(549)

敔如伏虎　3책(224)

魚鹽　4책(54)

魚有力者　5책(224)

魚子　5책(213)

漁者不爭隈　4책(120)

魚腸　5책(268)

御正　1책(348)

魚鳥之相合　4책(62)

魚之骨體　5책(268)

語之變轉　3책(165)

魚枕　5책(267)

檍　5책(19)

抑抑　2책(366)

言　1책(189, 258, 265), 2책(238), 3책(215)

彦　2책(391)

莚　4책(279)

蝘　5책(124)

鰋　5책(203)

鼴　5책(308)

甗　5책(485)

甗甑也　4책(155)

言辭辯給　2책(283)

言四宿也　2책(389)

鰋額白魚　5책(203)

言爲道所規畫　4책(101)

言而不信　1책(256)

言再宿也　2책(389)

蝘蜓　5책(258)

臬　3책(31)

閒　3책(54)

栟　1책(356)

葊葊　2책(301)

儼　1책(244)

淹　1책(299)

奄　2책(18)

弇　2책(214, 215)

隒　4책(155)

嚴利　2책(329)

嚴猛之貌　2책(292)

閹茂　3책(265)

奄有龜蒙　2책(215)

弇日　3책(293)

淹澨　1책(299)

掩兔之畢　3책(319)

業　1책(108, 128, 174, 272), 3책(108)

業業　2책(288)

殗　1책(374)

晻　3책(286)

如　1책(122, 135), 3책(274)

予　1책(123, 189, 193)

余　1책(189, 192), 3책(274)

與　1책(300)

餘　1책(356)

茹　2책(61, 62)

旟　3책(373)

畬　4책(74)

輿　5책(295)

駕　5책(315)

雓　5책(545)

女公　2책(449)

如槐　5책(108)

如今之幢　3책(371)

女蘿　4책(392), 4책(438)

如亂髮　4책(455)

茹藘　4책(266)

如陵　4책(114)

如馬　5책(483)

如馬一角　5책(433)

如馬而小　5책(482)

女妹　2책(449)

如毛中之氂　2책(95)

女木也　4책(345)

如木楸　5책(106)

如畞　4책(113)

如防　4책(153)

如覆敦者　4책(104)

輿父　5책(135)

鷽斯　5책(312)

女桑　5책(91)

如喪考妣　2책(419)

如松柏　5책(107)

如槖者　4책(92)

如羊　5책(435)

汝穎梁宋之間曰艾　1책(334)

如熊　5책(424)

汝爲潰　4책(196)

予有亂臣十人　1책(333)

汝有潰　4책(204)

如人家所種者　4책(246)

予一人　1책(189)

駕子　5책(382)

女子同出　2책(438)

女子謂晜弟之子　2책(438)

女子謂姊妹之夫　2책(437)

女子謂兄之妻　2책(439)

與子宜之　2책(166)

女子子之夫　2책(449)

女子子之子　2책(438)

如鵲　5책(373)

如隯　4책(93)

如切如磋　2책(380)

如竹箭　5책(107)

餘賑　5책(252)

如車輪許　4책(192)

餘泉　5책(253)

女出爲嫁　1책(122)

如娓而黑　5책(364)

汝則有逸罰　2책(32)

如琢如磨　2책(380)

如彼雨雪　3책(295)

輿革前　3책(125)

懌　1책(129, 132)

繹　1책(170), 3책(346)

易　1책(278, 279)

緎　2책(409)

逆　2책(81)

域　2책(88)

閾　3책(20)

嶧　4책(145)

棫　5책(87)

薏　4책(272)

逆流百步　4책(210)

逆流而上曰泝洄　4책(220)

逆毛　5책(502)

棫樸　5책(69)

易水　4책(23)

繹繹　2책(331)

亦有一角者　5책(441)

逆子釗于南門之外　2책(81)

燕　1책(146), 4책(23, 36), 5책(314)

延　1책(170, 176, 195, 265), 2책(57)

然　2책(24)

緣　3책(115)

捐　3책(126)

蜵　5책(142)

蜎　5책(228)

驪　5책(494)

燕麥　4책(412), 4책(280)

燕北　4책(453)

礝石　4책(49)

緣飾　2책(97)

宴飮之私　2책(177)

宴宴　2책(349)

燕燕　5책(317)

燕燕于飛　5책(318)

鳶烏醜　5책(376)

聾者也　2책(396)

兗州　4책(20)

燕頷　5책(308)

悅　1책(129, 132), 2책(166)

篁　3책(217)

閱　3책(39)

蚚　5책(164)

悅尼而來遠　1책(364)

蠮螉　5책(182)

厭　1책(271)

棪　5책(72)

厭串　1책(298)

厭極爲饜　1책(211)

髥鬣　5책(454)

壓桑　5책(99)

棪實似柰　5책(73)

懕懕　2책(302)

炎炎　2책(319)

染紫　4책(403)

染皁　4책(415)

艦　1책(308)

葉大　4책(370)

葉似韭　4책(325)

葉似大豆　4책(349)

葉似桃　4책(456)

葉似柳　4책(388)

葉似荏　4책(271)

葉似竹　4책(300)

葉似荷　4책(458)

葉似蘿而大　4책(389)

葉狀如藜　4책(374)

葉細　4책(363)

葉細銳似芹　4책(285)

葉小如蔆狀　4책(340)

葉新生可飼牛　5책(19)

葉如韭　4책(347)

葉銳而黃　4책(451)

葉又翹起　4책(327)

葉圓銳　4책(368)

葉圓而岐　5책(51, 80)

葉圓而毛　4책(330)

葉圓而厚　5책(53)

葉有似於舌　4책(465)

葉長而銳　4책(376)

葉狹而長　4책(300)

葉黃銳　4책(305)

永　1책(166, 176)

盈　1책(264)

佞　1책(344)

迎　1책(357, 2책(81)

泳　2책(108)

英　4책(137, 482)

榮　4책(476, 482), 5책(97)

塋界　2책(88)

營丘　4책(103)

英梅　5책(26)

詠斯猶　1책(339)

永錫爾類　1책(125)

營室　3책(314, 315)

迎迓　2책(81)

永安縣　4책(50)

蠑螈　5책(258)

營衛　1책(291)

潁爲沙　4책(196)

英儒瞻聞之士　1책(84)

榮而不實者　4책(482)

佞人似信　1책(344)

營州　4책(25)

豫　1책(129, 271, 277), 2책(25)

汭　1책(146)

勘　1책(233)

瘞　1책(267), 2책(115)

乂　1책(332)

翳　2책(258), 5책(101)

蜺　3책(290)

樧　5책(101)

蜺　5책(124)

蚋　5책(188)

鯢　5책(266)

祝　3책(114)

瘞薶　3책(334)

銳上　3책(210)

鯢魚似鮎　5책(267)

銳而高　4책(141)

豫章　5책(37)

豫州　4책(13, 14)

穢草　4책(311)

齯齒　1책(143)

刈禾聲　2책(335)

吳　1책(146, 176)

敖　1책(149), 2책(29)

吾　1책(189)

遷　1책(260)

迕　2책(155)

寤　2책(155)

懊　2책(227)

傲　2책(29, 321)

惡　2책(320)

奧　3책(15)

杤　3책(25)

隩　4책(120, 122)

磝　4책(160)

蔜　4책(331, 419)

獒　5책(549)

梧　5책(68)

麌　5책(391)

五架屋際椽不直上檐　3책(40)

五架屋際椽正相當　3책(40)

烏階　4책(415)

五穀　4책(54)

五穀不成　3책(260)

五穀爲區　3책(150)

烏�藍　4책(473)

梧丘　4책(99)

烏鳴　5책(283)

五劇鄕　3책(65)

五年一大祭　3책(344)

五達　3책(65)

梧桐　5책(68, 97)

梧桐茂　2책(346)

梧桐生矣　4책(170)

烏頭　4책(395)

鄔陵縣　4책(37)

傲慢賢　2책(321)

吾聞之先姑　2책(448)

五味　4책(409)

汚薄　5책(254)

五方　4책(64)

鼯鼠　5책(352)

烏蕤　4책(281, 381)

五十里之界　4책(65)

吳嶽　4책(131)

吳羊白羝　5책(533)

五葉共叢生一莖　4책(402)

敖敖　2책(321)

五月　3책(274)

吳越　4책(35)

五月羔爲羜　5책(537)

吾謂之甥　2책(436)

吾謂之甥也　2책(451)

嗚唈短氣　2책(85)

烏鵲醜　5책(379)

五彩具　5책(124)

五彩色　5책(308)

烏蠋　5책(187)

烏鴟　5책(510)

吳澤　4책(30)

鴢鸐　5책(295)

洿澤　5책(296)

烏杷　4책(415)

烏鵲　5책(291)

五絃　3책(199)

吳縣　4책(35)

吳興郡　5책(239)

玉　3책(161~163)

屋大梁也　3책(37)

屋梠　3책(41)

屋漏　3책(16)

屋上薄　3책(47)

玉石之被雕磨　2책(381)

玉屬　4책(45)

玉十　3책(150)

屋椽　3책(39)

玉珧　5책(244)

屋檐　3책(39)

屋笮　3책(47)

沃泉縣出　4책(184)

玉燭　3책(253)

慍　2책(324)

蘊淪　4책(202)

溫溫　2책(288)

外王父　2책(434)

外曾王母　2책(434)

外曾王父　2책(434)

繇　1책(152, 232, 324, 339)

寮　1책(173)

搖　1책(293)

窅　3책(16)

珧　3책(170), 5책(244)

謠　3책(221)

筄　3책(47)

芺　4책(312, 468)

鷂　5책(337)

鷂　5책(366)

幺　5책(400)

繇自也　4책(208)

搖車　4책(337)

姚莖　4책(436)

腰褧　5책(505)

饒多　2책(341)

繇帶以上爲厲　4책(208)

幺豚　5책(401)

搖動貌　1책(319)

繇膝以上爲涉　4책(208)

繇膝以下爲揭　4책(208)

愮愮　2책(358)

蔞繞　4책(451)

喓喓草蟲　5책(147)

銚芅　4책(456)

窈窕閒隙　2책(182)

褢驍耳　5책(505)

鷂雉　5책(362)

鷂雉　5책(366)

辱　2책(244)

蓐　3책(185)

欲其比德焉　2책(202)

蓐席　3책(185)

庸　1책(138, 233)

傭　2책(111)

勇　2책(290)

用　2책(63)

鏞　3책(212)

墉　3책(25)

容　3책(44)

蛹　5책(164)

用袪未瘳　1책(84)

用金蚌玉飾弓兩頭　3책(170)

用蟇組飾旒之邊　3책(366)

舂鉏　5책(360)

蝽蠊　5책(148)

用心差錯　2책(47)

庸庸　2책(307)

容儀謹敬　2책(283)

用朱縷維連持之　3책(367)

用之爲席　4책(352)

涌出　4책(182)

蛹蟲　5책(180)

訏　1책(108)

宇　1책(108)

于　1책(150, 152)

偶　1책(153), 2책(223)

右　1책(198, 199)

盱　1책(232), 4책(418)

憂　1책(232, 238), 2책(326)

遇　1책(259, 260), 2책(223)

郵　2책(185)

翩　2책(258)

雩　2책(377), 3책(290)

虞　2책(62)

羽　3책(194)

濾　4책(167)

藕　4책(355)

玗　4책(45)

(63)

綏　1책(158), 3책(119)

悠　1책(166, 238)

劉　1책(170, 181, 182), 5책(73)

誘　1책(195)

瘉　1책(226)

幽　1책(267), 2책(115, 201)

柔　1책(277), 2책(288)

侑　1책(282)

維　1책(369, 370)

游　2책(108)

遺　2책(159)

輶　2책(169)

孺　2책(178)

攸　2책(197)

俞　2책(24)

幼　2책(31, 110), 5책(400)

卣　3책(110, 191)

黝　3책(26, 181)

薿　4책(348, 476)

蜼　5책(136)

鮪　5책(218)

柚　5책(25)

猶　5책(438)

蜼　5책(455)

楺　5책(49)

騥　5책(509)

軸　5책(526)

羭　5책(534)

榆　5책(91)

瓜　5책(447)

綏縶　4책(213)

桜小木　5책(87)

有客宿宿　2책(389)

有客信信　2책(389)

維秬維秠　4책(317)

有骨者　3책(141)

惟述輴也　2책(364)

有捄棘匕　5책(54)

有齲而角　5책(436)

有驛有魚　5책(513)

幽都　4책(52)

獣來無棄　2책(157)

有力　5책(453)

維連四船　4책(215)

有鈴　3책(372)

蕕類　4책(446)

有某甫　1책(189)

有木者　3책(33)

有貓有虎　5책(408)

惟駓　5책(496)

有斧蟲　5책(153)

有斐君子　2책(380)

有事　3책(359)

維絲伊緡　2책(270)

鼬似貙　5책(463)

幽朔　2책(369)

鼬鼠　5책(462)

有螫毒者　5책(462)

有細刺　4책(264)

有所限極　2책(214)

柚屬　5책(18)

有獣名駮　5책(483)

有翄　5책(168)

有豕白蹢　5책(403)

游息　1책(315)

遺我大寶龜　5책(271)

有兩轅中施罥以捕鳥　3책(98)

蚰蜒　5책(123)

柔英　5책(110)

有往來之親　2책(425)

維王之邛　1책(234)

悠悠　2책(294)

痩痩　2책(325)

悠悠我悝　1책(232)

西由二晉　3책(192)

維以縷　3책(366)

劉杕　5책(73)

猶人自脩飾　2책(381)

有壬有林　1책(105, 109)

有刺　4책(345)

柸子　5책(19)

劉子生山中　5책(74)

有雜色　4책(273)

柔兆　3책(264)

有足　5책(199)

幽州　4책(23)

惟舅　5책(490)

維周之翰　1책(288)

有脂而香　5책(51)

有秩　4책(461)

劉疾　5책(323)

幼賤在前　3책(362)

庚草　4책(331)

有雎有駓　5책(511)

幼稚者　2책(110)

壝土　4책(98)

愈遲急也　2책(347)

由胡　4책(444)

牖戶之間　3책(12)

育　1책(327, 334)

肉　3책(133, 136, 140, 141)

萑　4책(246)

肉袒也　2책(398)

肉倍好　3책(175)

肉鞍一邊　5책(522)

肉醬　3책(141)

肉好若一　3책(176)

肉臛也　3책(140)

肉黃　5책(202)

尤　1책(146, 148, 344)

胤　1책(158)

尹　2책(202)

芛　4책(478)

尤信者　1책(344)

嚪　1책(248)

驕　5책(493)

鱎鯖　5책(222)

駅彼晨風　5책(347)

戎　1책(108), 2책(176)

融　1책(176)

肜　3책(347)

駯　5책(490, 547)

融丘　4책(90)

戎葵　4책(397)

戎女　5책(183)

戎事齊力　5책(518)

戎叔　4책(277)

戎醜攸行　3책(358)

隱　1책(267), 2책(37, 80, 84)

殷　2책(11)

垔　3책(144)

銀　3책(157)

隱度　2책(80)

隱闇　3책(17)

殷殷　2책(326)

隱恧　4책(334)

殷制　4책(25)

隱之考也　2책(419)

隱賑富有　2책(134)

隱蔽　2책(84)

乙　5책(268)

矵　5책(317)

淫　1책(108), 3책(298)

廡　2책(77)

鶋　5책(299)

鶋鷗也　5책(300)

陰淺黑　5책(510)

陰白雜毛　5책(510)

陰祀用黝牲　3책(181)

陰而風　3책(286)

邑　2책(148)

唈　2책(85)

浥　3책(140)

邑居　2책(148)

邑外　4책(65)

應　1책(292), 3책(201)

膺　2책(69)

鷹　5책(355)

應門　3책(51)

應棘縣鼓　3책(202)

鷹隼醜　5책(376)

儀　1책(124, 155, 288)

顗　1책(160)

宜　1책(174), 2책(166), 3책(358)

毅　1책(179)

懿　1책(205)

疑　1책(286), 2책(33)

扆　3책(12)

轙　3책(127)

薏　4책(356)

螘　5책(167)

椅　5책(79)

鷾　5책(334)

衣架　3책(187)

衣開孔也　3책(115)

宜其濁黃　4책(228)

蟻卵　5책(169)

衣縷也　3책(114)

衣梳　3책(114)

醫無閭　4책(45)

倚商　4책(403)

衣書中蟲　5책(160)

衣小帶　3책(117)

宜乘　5책(500)

猗氏縣　5책(63)

衣緣飾也　3책(115)

衣謂禪　4책(208)

蟻蟻蚳　5책(167)

衣眥　3책(116)

宜止息　1책(315)

猗嗟名兮　2책(393)

衣蔽前　3책(118)

儀表　1책(288)

儀刑文王　1책(125)

宜乎社　3책(359)

衣後襟也　3책(116)

義訓　1책(84)

怡　1책(129)

彝　1책(138), 3책(110)

恛　1책(232)

夷　1책(278), 2책(166), 5책(53)

弛　1책(279)

貳　1책(286), 2책(48)

已　1책(295, 372)

頤　1책(334)

邇　1책(365)

伊　1책(369, 370)

貽　2책(159)

姨　2책(436)

佴　2책(48)

宧　3책(16)

箷　3책(187)

栭　3책(38), 5책(22)

簃　3책(46)

瓵　3책(86)

椏　5책(14)

鯖　5책(204)

槭　5책(62)

楨　5책(80)

以脚自摩抒　5책(194)

異翹　4책(380)

以鳩其民　1책(214)

二國往媵之　2책(439)

以金者　3책(170)

伊洛而南　5책(366)

而難任人　1책(344)

二達　3책(64)

二目白　5책(512)

以木長尺　3책(224)

以帛練爲旐　3책(376)

以白爲質　5책(253)

以白地錦　3책(364)

已復於事而遂　2책(210)

以事相屬累　2책(75)

楗桑　5책(91)

夷上洒下　4책(119)

異姓　2책(434)

二歲　4책(74)

以蜃者　3책(170)

二十七絃　3책(197)

以我剗耡　1책(343)

以玉石爲之　3책(204)

以玉者　3책(170)

二月　3책(274)

蚚威　5책(177)

以韋靶車軾　3책(125)

以韋靶後戶　3책(125)

蜼蜦　5책(241)

夷由　5책(352)

以喩朋友切磋相正　2책(345)

柵栗　5책(22)

以殷仲春　2책(11)

以衣涉水爲厲　4책(208)

以翼右掩左　5책(383)

以媵秦穆姬　2책(51)

以紫爲質　5책(253)

以篡衣軾　3책(126)

以正四時　3책(323)

二足而羽　5책(386)

簃廚　3책(46)

易直　1책(278)

以姪娣從　2책(439)

佴次爲副貳　2책(48)

爾土宇昄章　1책(109)

貽貝　5책(252)

以筆減字爲點　3책(166)

以頰裏藏食　5책(461)

以黃爲質　5책(253)

以獲賊耳爲馘　1책(341)

以荻蒤蓼　4책(411)

謚　1책(160)

翼　1책(244)

匿　1책(267)

翌　2책(208)

益　2책(82, 268)

釱　3책(146)

杙　3책(30)

鰛　5책(473)

益母　4책(271)

鰛屬　5책(475)

翼翼　2책(284)

翌日乃瘳　2책(208)

益之以驪霂　3책(297)

湮　1책(162)

引　1책(170, 176)

寅　1책(195, 244)

禋　1책(242)

稔　　2책(49)

鳶　　5책(331)

臨丘　　4책(107)

荏類　　4책(314)

任城生黑黍　　4책(317)

荏菽　　4책(277)

壬午猶繹　　3책(347)

壬猶任也　　1책(344)

棯棗　　5책(65)

臨河上　　4책(177)

入　　3책(362)

鳰　　5책(287)

入其裏藏隱　　3책(96)

入耳　　5책(123)

仍　　1책(254, 324, 347)

媵　　2책(51)

仍舊貫　　1책(174)

仍饑　　3책(261)

仍孫　　2책(426)

仍孫之子　　2책(426)

仍亦重也　　2책(426)

자

自　　1책(133)

咨　　1책(135, 295, 297)

刺　　1책(182), 4책(453)

疵　　1책(226)

玆　　1책(295), 3책(185)

呰　　1책(295)

秭　　1책(329)

資　　2책(232)

姊　　2책(422)

鼐　　3책(146)

第　　3책(188)

粢　　4책(273)

茨　　4책(342)

截　　5책(156)

鷰　　5책(334)

雌　　5책(383)

煮　　5책(64)

芓　　4책(400)

觜脚赤　　5책(299)

自家而出　　1책(122)

煮葛爲絺綌　　2책(385)

觜曲　　5책(303)

紫慕　　4책(435), 4책(442)

子大如盂　　5책(18)

子冬熟　　5책(57)

觜頭曲如鉤　　5책(334)

苨蓂　　4책(403)

紫磨金　　3책(158)

姊妹之夫　　2책(436)

自勉强　　2책(306)

自勉彊　　2책(65)

子味苦　　5책(64)

赭白馬　　5책(511)

自奮礬動作　　5책(477)

子似栗　　5책(47)

紫色　　4책(327)

子細腰　　5책(61)

刺素食也　　2책(356)

鮓屬也　　3책(140)

截屬也　　5책(157)

自脩也　　2책(380)

子如耳璫也　　4책(330)

咨于二虢　　1책(135)

刺楡　　5책(30)

子有三角　　4책(342)

刺人　　4책(342)

訾訾　　2책(363)

子子孫孫　2책(342)

資裝　2책(232)

子赤　5책(60)

紫赤可啖　5책(87)

紫赤華　4책(420)

子中有核人　5책(112)

子之子　2책(423)

刺之者何　1책(182)

子之妻　2책(449)

茈草　4책(402)

子叢在莖頭　4책(409)

刺探嘗試　2책(94)

雌虹　3책(290)

紫華　4책(286, 337)

觜蠵龜　5책(270)

紫黑色　4책(56)

紫黑色　5책(63, 448)

作　1책(293), 2책(52, 297)

綽　2책(272), 2책(309)

斫　3책(92)

鐯　3책(92)

芍　4책(309)

斮　5책(101)

鵲鵙醜　5책(375)

作孔入其中　5책(130)

汋啖之滑　4책(374)

作履苴草　4책(336)

雀梅　5책(26)

雀麥　4책(280)

作盟詛之載　1책(258)

斫木櫃也　3책(26)

雀弁　4책(279)

鰽屬也　5책(214)

雀屬也　5책(311)

柞樹　5책(28)

汋食之滑　4책(388)

作甒　3책(265)

棧　3책(213)

虦貓　5책(408)

棧木　5책(98)

戔貓　5책(432)

尃　1책(218)

潛　2책(59)

箴　3책(151)

涔　3책(96)

岑　4책(140)

蠶　5책(191)

潛敦爲河北者　4책(116)

潛丘　4책(115)

蠶類　5책(192)

潛流地中　4책(228)

潛水所出也　4책(171)

蠶蛾　5책(161)

蠶蛹　5책(165)

岑崟　4책(140)

潛行爲泳　4책(210)

潛行游水底　2책(108)

鑯　3책(93)

雜骨醬　3책(141)

雜珠而精好　4책(50)

雜縣　5책(326)

將　1책(108), 2책(51, 232, 247)

壯　1책(108), 2책(34), 3책(274)

藏　1책(124)

長　1책(176, 327)

粻　2책(123), 5책(380)

駔　2책(126)

奘　2책(126)

障　2책(254)

藏　2책(90)

牆　3책(25, 26)

場　3책(63)

莊　3책(66)

章　4책(147)

薔　4책(315)

羘　5책(533)

長角　5책(130, 140)

章丘　4책(98)

長踦　5책(178)

璋大八寸　3책(174)

張兩翅　5책(478)

蘠蘼　4책(366)

長尾者　5책(365)

長婦　2책(449)

長婦謂稚婦　2책(440)

長數寸　5책(358)

長身者　5책(527)

羘羊塡首　5책(534)

長羸　3책(254)

將用馬力　3책(342)

壯勇之貌　2책(291)

長二三丈　5책(212)

藏以爲菹　4책(334)

長朼　3책(55)

長一二尺, 可唊　4책(300)

長者　3책(31)

長者多更歷　1책(328)

長丈餘　4책(414)

張仲孝友　2책(388)

長尺四寸　3책(208, 215)

長脊而泥　5책(451)

長尺二寸　3책(215)

長楚　4책(456)

長八尺一寸　3책(197)

長翰毛　5책(361)

長喙　5책(541)

載　1책(256, 258), 2책(74), 3책(270)

在　1책(353, 355, 373), 2책(305)

哉　1책(98, 265)

財　2책(160)

裁　2책(229)

再　2책(41)

災　3책(264)

梓　5책(79)

烖　1책(248)

載歲也　3책(268)

在幹　5책(500)

在庚　3책(264, 273)

在癸　3책(273)

在己　3책(264, 273)

才器細陋　2책(323)

載弄之璋　2책(202)

在堂隅　3책(25)

載旐於竿頭　3책(371)

在卯　3책(265)

在戌　3책(264, 273)

在未　3책(265)

在背　5책(501)

載弁俅俅　2책(114)

在丙　3책(264, 273)

在糞土中　5책(175)

載轡　3책(127)

在巳　3책(265)

在上而臨下而已　3책(245)

在璿璣玉衡　1책(355)

再成　4책(89, 137)

再成銳上　4책(90)

在樹木上　5책(466)

在樹上作房　5책(174)

在水者　5책(235, 250)

再宿爲信　2책(389)

在戌　3책(265)

在辛　3책(264, 273)

在申　3책(265)

在魚頭骨中　5책(268)
再染　3책(179)
在午　3책(265)
在外垂　1책(291)
在酉　3책(265)
在乙　3책(264, 273)
在壬　3책(264, 273)
在子　3책(265)
在牆者　3책(30)
在丁　3책(264, 273)
在肘後　5책(500)
材中作弓及車轅　5책(99)
材中車輞　5책(19, 21)
在中最明　3책(307)
在地者　3책(31)
在地中布網者　5책(171)
在池澤中　4책(99)
在辰　3책(265)
在青白之間　2책(163)
載寘其尾　2책(173)
在丑　3책(265)
在亥　3책(265)
載獫猲獢　5책(541)
載鴻及鳴鳶　3책(373)
疷　1책(226)
底　1책(268)
佇　1책(299)
柢　2책(180), 3책(183)
邸　3책(183)
氐　3책(303)
宁　3책(48)
置　3책(97)
砥　4책(167)
杼　5책(28)
豬　5책(400)
羚　5책(536)

著車衆環　3책(127)
樗繭　5책(191)
樗雞　5책(161)
沮丘　4책(103)
阺丘　4책(93)
鵙鳩　5책(283)
佇企　1책(299)
苴匼　4책(293)
豬大者爲豟　5책(549)
豬頭　5책(441)
苴麻　4책(401)
苴麻之有蕡　4책(360)
豬生子常多　5책(402)
豬生子義同　5책(540)
菹食　4책(404)
樗葉　5책(191)
著雍　3책(264)
著子　4책(307)
翥醜鐪　5책(193)
著莢　5책(92)
豬好啖之　5책(132)
適　1책(122), 2책(197)
敵　1책(155, 292)
績　1책(158, 174, 272~274)
迪　1책(197, 293, 324)
覿　1책(261)
樀　3책(40)
的　4책(356, 448)
苗　4책(393)
賊　5책(196)
鰿　5책(251)
鸐　5책(364)
狄　5책(392)
逷　1책(166)
逷矣西土之人　1책(166)
赤可食　5책(73)

赤莖者　4책(365)
赤莖節　4책(302)
赤棠　5책(43)
赤頭　5책(161, 166)
赤粱粟　4책(316)
鶪鴿　5책(311)
赤李　5책(60)
赤鯉魚　5책(201)
赤苗　4책(316)
赤駮蚔蜉　5책(168)
嫡婦　2책(449)
赤奮若　3책(266)
駒顙　5책(495)
赤楝　5책(80)
赤色叢生　4책(330)
赤色黑鬣　5책(493)
積薪燒之　3책(333)
赤熊　5책(429)
適意　2책(197)
狄人歸先軫之元　1책(359)
狄臧　5책(32)
蹢躅　2책(295)
鼪鼪阜螽　5책(147)
赤蟲　5책(228)
積聚緻　2책(335)
積土四方　3책(33)
赤枹薊　4책(419)
赤莧　4책(365)
赤華　4책(305, 451)
典　1책(138), 2책(262)
展　1책(146, 148), 2책(197)
餞　1책(197)
戰　1책(225)
翦　1책(236), 2책(48)
戩　1책(240)
銓　2책(105)

田　2책(142, 328)
傳　2책(16), 3책(36)
顛　2책(167)
饘　2책(248)
靦　2책(255)
濺　3책(144)
縛　3책(151)
緶　3책(179)
旃　3책(375)
葥　4책(253, 387)
葷　4책(328)
箭　4책(431), 5책(41)
鱣　5책(201)
鷁　5책(347)
鸇　5책(350)
躔　5책(391)
駩　5책(512)
傳車驛馬之名　2책(17)
前高　4책(107)
顛蕀　4책(344)
翦刀爲劑刀　2책(49)
田獵齊足　5책(519)
纏蔓林樹而生　5책(45)
箭萌　4책(430)
前茅慮無　2책(100)
旃蒙　3책(264)
前覆　2책(188)
前似獼猴　5책(267)
鱣屬也　5책(218)
殿屎　2책(410)
前弇諸果　5책(246)
前右足白　5책(491)
顓頊水德　3책(312)
顓頊之虛　3책(311)
戰慄　2책(98)
田一歲　4책(73)

戰戰　2책(287)

壖棗　5책(64)

前足皆白　5책(491)

前左脚白　5책(492)

絶　1책(323), 3책(227)

節　2책(229)

切　3책(162)

竊　3책(38)

蠽　5책(124)

𣧑　5책(261)

竊淺也　5책(408)

節間相去多四寸　4책(429)

節間促　4책(428)

絶高爲之　4책(95)

竊丹　5책(328)

竊藍　5책(328)

竊毛而黃　5책(429)

絶有力　5책(392, 394, 395, 397, 398, 403, 490, 527)

節有枝相當　4책(458)

竊衣　4책(343)

竊脂　5책(303, 328)

絶澤　3책(167)

竊玄　5책(328)

竊黃　5책(328)

占　2책(80)

苫　3책(156)

點　3책(166)

坫　3책(24)

黏　5책(17)

鮎　5책(204)

坫螫　5책(157)

黏粟也　4책(276)

鮎而大　5책(211)

黏翻　2책(193)

霑徹　2책(91)

接　1책(337)

鰈　4책(56)

楼慮李　5책(59)

接余　4책(295)

靖　1책(135, 332)

靜　1책(160, 276)

定　1책(268, 364, 368), 3책(90, 314)

庭　1책(275)

頲　1책(275)

楨　1책(288)

丁　1책(292)

正　1책(327, 348), 2책(202, 203)

頲　2책(156)

頂　2책(167)

整　2책(204)

征　2책(39)

楨　3책(179)

根　3책(20)

旌　3책(371)

鄭　4책(38)

椊　5책(39)

鼎斂上而小口　3책(146)

鼎曲脚也　3책(147)

正丘　4책(103)

定丘　4책(111)

旌旂　3책(377)

定陶　4책(89)

頲道無所屈　1책(275)

葶藶　4책(310)

停潦　4책(164)

蜓蚞　5책(124)

正門　3책(51)

正白　4책(299, 332)

頂上汙下者　4책(94)

亭歷　4책(328)

霆霓　3책(294)

正月　　3책(273)

朾螧　　5책(168)

鼎耳在表　　3책(146)

井一有水一無水　　4책(181)

鼎絶大　　3책(145)

正絶流曰亂　　4책(221)

靜定　　1책(368)

丁丁　　2책(345)

整衆　　3책(361)

井中小蛣蟩　　5책(228)

正直　　1책(275)

停泉　　4책(163)

正出　　4책(182)

頂平　　4책(98)

苧熒　　4책(302)

虹蛵　　5책(154)

帝　　1책(105)

齊　　1책(216), 2책(11, 34, 48, 247), 4책(25, 35)

瘠　　1책(227)

祭　　1책(242), 2책(339), 3책(359)

弟　　1책(278), 2책(422)

蠐　　1책(301)

際　　1책(337)

穧　　1책(340)

憏　　2책(136)

除　　2책(149)

題　　2책(156)

濟　　2책(268), 4책(20, 222)

娣　　2책(438)

劑　　2책(48)

隄　　3책(72), 4책(126)

藩　　4책(311)

媞　　4책(350)

鯷　　5책(204)

鵜　　5책(295)

檕　　5책(62)

齊中也　　4책(83)

帝館甥于二室　　2책(436)

帝囷山　　4책(182)

薺苨　　4책(293)

濟渡之處　　4책(207)

濟東　　4책(21)

齊等　　2책(112)

諸慮　　5책(44, 131)

螁螃　　5책(124)

祭馬祖也　　3책(342)

祭名　　3책(350)

提母　　4책(347)

制法則也　　2책(360)

娣婦　　2책(440)

娣婦謂長婦　　2책(440)

藩似稗　　4책(311)

祭山　　3책(336)

祭星曰布　　3책(338)

濟水　　4책(21, 90)

薺實　　4책(359)

蹄也　　5책(403)

鮆魚　　5책(221)

蹄如跰而健上山　　5책(485)

祭五帝　　3책(158)

濟爲濋　　4책(195)

濟有深涉　　4책(207)

濟陰　　4책(89)

齊人呼之爲天瓜　　4책(268)

齊子愷悌　　2책(70)

祭者叫呼而請事　　2책(200)

媞者其實　　4책(351)

薺子名　　4책(360)

娣者何　　2책(439)

蹄者何? 陞也　　1책(301)

諸諸　　2책(283)

濟濟　2책(293)

媞媞　2책(302)

螓蠐　5책(175)

齊棗　5책(62)

祭地　3책(334)

祭之明日　3책(346)

弟之妻　2책(439)

祭天　3책(333)

祭川　3책(336)

諸雉　5책(360)

祭風　3책(338)

鶬鶊　5책(296)

諸侯不享覲　1책(350)

諸侯維舟　4책(215)

諸侯娶一國　2책(439)

劗　1책(108)

弔　1책(118)

徂　1책(122, 353)

助　1책(198)

詔　1책(198)

朝　1책(245), 2책(119)

早　1책(245)

覜　1책(263)

阻　1책(342)

祖　1책(98, 362)

疜　2책(113), 2책(182)

造　2책(52)

佻　2책(58)

兆　2책(88)

肇　2책(89)

雕　3책(161, 184)

旐　3책(369)

翟　3책(95)

罩　3책(95)

蓧　4책(315)

蜩　5책(124)

鮡　5책(211)

條　5책(25)

鳥　5책(316, 474, 478)

麏　5책(395)

蔦　5책(52)

狣　5책(541)

棗　5책(61)

肇　1책(98, 135)

斛　3책(93)

漅　4책(370)

祖王父也　2책(427)

肇牽車牛　2책(89)

鳥罟　3책(96)

調均　2책(130)

棗大而銳上者爲壺　5책(61)

徂落　1책(374)

鳥嚨　5책(380)

雕類　5책(284)

棗李　5책(113)

趙李　5책(59)

鳥鳴相和　1책(208)

朝門　3책(52)

洮米聲　2책(336)

彫蓬　4책(260)

組似組　4책(461)

朝生暮死　5책(132)

鳥鼠同穴　5책(371)

朝鮮　4책(453)

造設　2책(86)

鳥少美長醜　5책(384)

朝陽　4책(170)

鳥羽根也　3책(151)

劗義未聞　1책(109)

棗子　5책(62)

鳥子須母食之　5책(324)

爪長　5책(352)

鳥在外　5책(372)

條條　2책(282)

佻佻　2책(347)

早朝見日　4책(170)

條竹性叢生　5책(107)

鳥摯而有別　5책(284)

鳥之雌雄不可別者　5책(383)

遭讒賊　2책(353)

早采者爲茶　5책(95)

彫胡米　4책(412)

調戲　1책(149)

足　2책(242)

族　5책(118)

族晜弟　2책(422)

族晜弟之子相謂　2책(422)

族父　2책(422)

族父之子相謂　2책(422)

族祖姑　2책(426)

族祖母　2책(427)

族祖王母　2책(426)

族曾王母　2책(427)

族曾王父　2책(427)

存　1책(353, 355)

袴　3책(117)

尊老在前　3책(362)

存存　2책(305)

卒　1책(211, 372~374), 2책(230)

艐　1책(118)

從　1책(133, 210, 346)

縱　1책(351)

終　1책(373), 2책(276), 3책(273)

慒　2책(231)

樅　5책(104)

㺏　5책(375)終　5책(82)

猣　5책(401)

猣　5책(540)

鼰朐　5책(463)

終竟　2책(276)

緵罟　3책(94)

鐘鼓音　2책(340)

從舅　2책(434)

蓯葵　4책(408)

終南山道名畢　4책(123)

從母　2책(434)

從母晜弟　2책(434)

從母姊妹　2책(434)

從母之男子　2책(434)

宗廟齊毫　5책(518)

縱放　1책(351)

從旁出也　4책(185)

從父晜弟　2책(423)

從父而別　2책(423)

終不可諼兮　2책(380)

從山　5책(239)

從上溜下　4책(184)

鼨鼠　5책(465)

從釋地已下至九河　4책(243)

從水生　4책(426)

腫節　5책(38)

種調　2책(332)

從祖姑　2책(426)

從祖母　2책(427)

從祖父　2책(422)

從祖王母　2책(426)

從祖而別　2책(421)

從祖祖母　2책(421)

從祖祖父　2책(421)

宗族　2책(428, 449)

腫足爲尰　2책(384)

螽醜奮　5책(193)

終風且霾　3책(286)

終風且曀　3책(287)

終風且暴　3책(286)

左　1책(198, 199)

坐　1책(366)

痤　5책(59)

左高　4책(107)

左白　5책(492)

左食　5책(247)

左掩右　5책(383)

左倪　5책(247)

左右流之　2책(57)

左右有岸　4책(156)

左執鞭弭　3책(170)

左澤　4책(111)

佐興虐政　2책(360)

皐　1책(142)

儔　1책(155)

主　1책(171)

疇　1책(204)

舟　2책(107)

誅　2책(207)

走　2책(210), 3책(71)

拄　2책(228)

周　3책(269, 346), 4책(39)

咮　3책(321)

睪　5책(492)

州竅　5책(494)

注谿曰谷　4책(218)

注谷曰溝　4책(218)

注溝曰澮　4책(218)

朱滕　4책(40)

州黎宛營爲河南　4책(116)

州黎丘　4책(116)

疇離祉　1책(204)

柱埋　5책(17)

朱明　3책(252)

鼀䗐　5책(171)

注旄首　3책(371)

州木　5책(110)

柱夫　4책(337)

柱上楹也　3책(38)

周宣王時賢臣　2책(388)

畫䨓宵炕　5책(75)

酒食也　2책(375)

珠玉　4책(50)

幬謂之帳　2책(411)

侏儒柱也　3책(37)

主人藹客　1책(195)

周人黃馬繁鬣　5책(509)

奏者猲　5책(401)

俯張　2책(412)

朱鳥之口　3책(321)

注川曰谿　4책(218)

周徧也　2책(16)

周顯王　4책(112)

注澮曰瀆　4책(218)

鷰　2책(256)

竹　4책(290, 302)

竹豆　3책(82)

竹類　4책(428~430)

竹萌　4책(289)

竹前　3책(126)

竹箭　4책(46)

駿　1책(108, 176, 218)

遵　1책(133), 5책(63)

晙　1책(245)

蠢　1책(293, 319), 2책(379)

濬　2책(201)

逡　2책(210)

畯　2책(72)

俊　2책(95)

鱒　5책(226)

鵔　5책(367)

濬畎澮距川　4책(186)
蠢動爲惡　2책(380)
俊士之選　2책(95)
鱒而大　5책(207)
墫墫　2책(311)
訰訰　2책(314)
遵彼汝濆　4책(196)
崒者　4책(150)
重　1책(210), 2책(141), 3책(194)
衆　1책(221, 223), 2책(296, 335), 4책(276)
中　2책(11)
仲　3책(219), 4책(430)
中可居者曰洲　4책(225)
重襺衣裘　2책(253)
中莝爲蒿　4책(352)
中空　4책(312, 430)
衆夥之貌　2책(296)
重光　3책(264)
中國　4책(84)
中馗　4책(421)
中斷皮也　3책(189)
中唐有甓　3책(62)
衆旐所著　3책(365)
中陵　4책(40)
中牟縣　4책(38)
衆婦　2책(449)
仲山甫徂齊　1책(217)
衆水瀰瀰　4책(228)
中實　4책(429)
中實少髓　5책(409)
中心苦　4책(356)
中心黃　4책(404)
中嶽　4책(172)
中嶽嵩高山　4책(139)
中央廣　5책(253)
重厓　4책(124)

重甗　4책(155)
重言之　2책(389)
中爲車輞　5책(80)
中有椎柄　3책(224)
仲子者何?　2책(419)
重鬵爲鬴　2책(41)
中藏卵果　5책(47)
中庭　3책(71)
中庭之左右　3책(48)
中罇　3책(191)
中州　4책(84)
重千斤　5책(521)
重疊　1책(210)
重厚　1책(254)
卽　1책(364)
卽供金鈑　3책(158)
卽來　5책(21)
卽薪　5책(70)
卽猶今也　1책(364)
蝍蛆　5책(140)
蝍蝛　5책(181)
騺　1책(301), 5책(506)
汁赤　5책(47)
烝　1책(105, 197, 221), 2책(175, 337)
蒸　1책(242), 3책(331)
曾　2책(81)
增　2책(82)
橧　5책(402)
騬　5책(490)
膾　3책(148)
曾晳嗜羊棗　5책(63)
曾孫　2책(424)
曾孫之子　2책(424)
增崇　1책(210)
曾猶重也　2책(420)
曾祖王姑　2책(426)

職勞不來　1책(236)

蟣蝨　5책(346)

直不受檐　3책(40)

直語　1책(211)

職爲亂階　1책(171)

藏草　4책(404)

直出　4책(183)

直波爲徑　4책(202)

直橫渡也　4책(221)

臻　1책(118, 324, 360)

畛　1책(164), 2책(21, 189, 254)

陳　1책(170), 3책(62), 4책(115)

晉　1책(195), 4책(29, 115)

進　1책(195, 197)

珍　1책(205, 350)

盡　1책(211)

殄　1책(211, 323), 2책(189)

震　1책(225, 319)

塵　1책(299), 2책(175)

抾　1책(305)

賑　2책(134)

胗　2책(141)

振　2책(150, 218)

積　2책(154)

籈　3책(224)

津　3책(308)

秦　4책(31)

蓁　5책(124)

晉進也　1책(195)

振古如玆　2책(150)

塵垢　1책(299)

晉國所望祭者　4책(177)

陳郡　4책(115)

振旅　3책(362)

振旅闐闐　3책(361)

晉望　4책(176)

珍物宜獻　1책(350)

盡似丙丁之屬　5책(268)

陳敘也　2책(25)

秦時有騀蹄苑　5책(485)

振訊　1책(305)

晉陽縣　4책(115)

畛於鬼神　1책(164, 189)

辰亦時也　2책(414)

震爲鼻足　5책(493)

晉衛之間曰蘽　1책(356)

振者　2책(218)

籈者其名　3책(224)

殄絶　2책(189)

陳鄭之間曰烈　1책(356)

蓁蓁　2책(301)

陳楚之間相呼食爲饟　2책(53)

震澤　4책(35)

進品物也　3책(331)

陳縣　4책(115)

秦惠文王　4책(112)

眰　1책(108)

秩　1책(138)

疾　1책(216), 2책(34)

質　1책(274)

盩　2책(168)

紩　2책(233)

迭　2책(234), 3책(194)

姪　2책(438)

窒　2책(67), 3책(273)

柣　3책(20)

桎　3책(38)

絰　4책(294)

芺　4책(311)

蛭　5책(230)

胅　4책(307)

姪其從姑　2책(438)

窓東戶西也　3책(13)

倉庚　5책(353, 357, 389)

鶬鶊　5책(290)

昌丘　4책(102)

鬯臼以梈　5책(13)

倉廩　2책(236)

蒼白色　5책(359)

蒼白雜毛　5책(511)

唱射者所以自防隱　3책(44)

蒼色　5책(466)

蹌蹌　2책(287)

蒼天　3책(243)

蒼黑色　5책(333)

柴　1책(172, 173)

采　1책(174)

瘵　1책(227)

瘥　1책(227)

彩雞　5책(297)

采薪　5책(70)

茦茹之總名　3책(155)

采謠俗之志　1책(84)

茦謂之萩　3책(155)

柴地　1책(172)

簀　3책(188)

磔　3책(338)

菜　4책(453)

蟿　5책(254)

磔狗　3책(338)

嘖嘖　5책(328)

妻黨　2책(440)

妻之舅弟　2책(436)

妻之母　2책(435)

妻之父　2책(435)

妻之姊妹同出　2책(436)

萋萋　2책(346)

悽悽　2책(351)

陟　1책(301), 4책(136)

瘠　2책(43)

慼　2책(98)

蹢　5책(403)

陟方乃死　1책(374)

斥山　4책(53)

斥所詠　2책(395)

瘠瘦爲脲　2책(43)

戚施　2책(402)

戚施之疾　2책(403)

惕惕　2책(299)

陟彼阿丘　4책(108)

陟彼岨矣　4책(167)

陟彼崔嵬　4책(167)

蚇蠖　5책(181)

天　1책(105)

薦　1책(170, 195, 360), 4책(260)

遄　1책(216, 218)

遷　1책(309)

淺　2책(170)

俴　2책(170)

荐　2책(41), 3책(261)

舛　5책(95)

川穿也　4책(186)

天雞　5책(161, 297)

天狗　5책(287)

天根　3책(303)

天氣下地不應　3책(288)

天螻　5책(120)

天鷚　5책(288)

千里馬　5책(500)

千里一曲一直　4책(228)

天命不謟　1책(287)

遷徙　1책(310)

天駟　3책(306)

天蕭　4책(334)

天鷦 5책(288)

天王登遐 1책(301)

天畏棐忱 1책(289)

天牛 5책(130)

泉一見一否 4책(180)

天子葵之 2책(138)

天子造舟 4책(214)

天子之駿 5책(488)

天作淫雨 3책(298)

穿牆棲鷄 3책(35)

淺赤 3책(180)

天井 4책(181)

天柱山 4책(171)

天之方懠 2책(136)

穿地而流 4책(186)

天之中 3책(323)

淺青 3책(180)

淺則揭 4책(207)

天下有名丘五 4책(116)

天漢之津梁 3책(308)

天形穹隆 3책(243)

輆 1책(372)

哲 2책(201)

啜 2책(61)

徹 2책(91)

嬲 3책(98)

烈其瑕礫 1책(84)

徹亦道也 2책(372)

綴集異聞 1책(84)

惙惙 2책(326)

鐵鏓 5책(508)

蚨蝎 5책(189, 190)

詹 1책(118)

瞻 1책(263)

僉 1책(325)

忝 2책(244)

襜 3책(118)

檐 3책(40)

瀸 4책(180)

薟 4책(396)

瀸纏有貌 4책(180)

檐鼓 3책(324)

鐵峻 4책(141)

甛滑 4책(338)

捷 1책(179, 337)

諜 2책(239)

睫欚 5책(361)

妾魚 5책(222)

請 1책(164), 2책(19)

淸 1책(305), 2책(76, 366)

靑 3책(180)

靑驪 5책(508)

靑驪騂 5책(508)

靑驪繁鬣 5책(509)

靑騽 5책(143)

蜻蛉 5책(155)

淸明 2책(76)

淸明貌 2책(100)

靑似翠 5책(287)

靑陽 3책(252)

靑雀 5책(303)

靑州 4책(22)

靑質五彩 5책(363, 366)

淸且瀾漪 4책(201)

蜻蜻 5책(124)

靑蒿 4책(257)

靑黃 4책(458)

替 1책(247, 268), 2책(91, 92)

逮 1책(300), 2책(38, 131, 139)

疐 2책(173, 212), 5책(113)

遞 2책(234)

禘 3책(344)

棣　5책(19, 94)

尵　5책(400)

栘　5책(93)

鶙　5책(351)

體骬　1책(288)

尵罟　3책(97)

蝃蝀　3책(290)

尵盧　4책(282)

蝍蛆　5책(171)

體似鱓　5책(214)

棣樹　5책(94)

掣曳也　2책(367)

尵五尺　5책(549)

體員而有文點　5책(208)

體有白點　5책(130)

體有邪行甲　5책(202)

體柔也　2책(404)

體長　5책(527)

掣縮　1책(351)

酢　1책(282), 5책(16)

初　1책(98)

草　4책(278, 482)

楚　4책(33)

茗　4책(424)

芳　4책(469, 471)

梢　5책(102)

鶬　5책(306)

酢可食　5책(20, 56)

初耕地反草爲葘　4책(73)

楚葵　4책(375)

梢櫂　5책(102)

梢櫂長而殺者　5책(102)

草馬名　5책(506)

草木魚鼈　4책(40)

草木之叢茸翳薈也　1책(285)

鶬鶊　5책(307)

椒樧醜莍　5책(111)

鍬鋘　3책(93)

初生可食　4책(312)

草生江南　4책(332)

初生無葉　4책(442)

草生水中　4책(335)

草細葉　4책(464)

芀秀　4책(471)

椒樹叢生　5책(48)

樵薪　5책(70)

草葉　4책(462)

草刺針　4책(453)

楚雀　5책(357)

草蟊　5책(147)

草鼅鼄　5책(172)

草荣可食者　3책(260)

酢䏰　5책(74)

酢䏰可啖　4책(447)

悄悄　2책(324)

初出可啖　4책(449)

焦護　4책(39)

蜀　4책(146)

鸀　5책(345)

蜀雞　5책(545)

蜀葵　4책(397)

蜀亦孤獨　4책(146)

蜀人獻之　5책(297)

蜀人呼筆爲不律也　3책(165)

蜀子　5책(545)

蜀中出好者　4책(261)

促織　5책(143)

寸寸有節　4책(378)

冢　1책(108), 4책(150)

蔥　3책(180)

叢　5책(118)

聰明鑒察　2책(281)

聰明睿智曰獻　2책(148)

叢木　5책(82)

叢生糞土中　5책(132)

叢生巖嶺　5책(36)

叢生如盤　4책(440)

叢生有刺　5책(87)

總絶代之離詞　1책(69)

聰聰祖考之彝訓　2책(419)

摧　1책(118)

榱　3책(39)

最健鬪　5책(366)

最大罟也　3책(98)

最大者　3책(145)

崔嵬　4책(151, 166)

最後生者　5책(401)

諏　1책(135)

墜　1책(162, 336)

撃　1책(214)

醜　1책(221)

酋　1책(373)

騅　2책(162), 5책(511)

樞　3책(21)

秋　3책(244, 253, 351)

陬　3책(273)

趨　3책(71)

萑　4책(271)

菆　4책(423)

萩　4책(454)

鰌　5책(209)

雛　5책(324)

萑　5책(340)

貙　5책(440)

楸　5책(77, 79)

撃斂也　1책(214)

隹其　5책(278)

樞達北方　3책(21)

秋獮曰獮　1책(182)

貙獌　5책(423)

楸屬　5책(50)

楸樹性上竦　5책(107)

驫也　2책(127)

諏于蔡原　1책(135)

諈諉　2책(75)

秋爲蒿　4책(466)

雛子名　5책(545)

娵觜之口　3책(315)

秋祭　3책(331)

蝤蠐　5책(176)

秋之言揫　1책(214)

貙豻　5책(423)

秋屬　5책(328)

貙虎也　5책(440)

貙虎之大者　5책(423)

秋華菊　4책(391)

椎胸也　2책(407)

逐　1책(226), 2책(65)

竺　1책(254)

妯　1책(319)

縮　1책(351, 367), 5책(379)

筑　2책(125)

枕　5책(110)

祝栗　4책(76)

妯娌　2책(440)

枕如漆桶　3책(224)

築牆版也　3책(108)

祝祭於祊　3책(51)

縮之　3책(108)

蹙蹙　2책(364)

蔟蕩　4책(371)

縮版以載　3책(108)

春　3책(243, 252)

春獮　3책(351)

春獵爲蒐　1책(214)

春生　4책(465)

春時各有種名　4책(467)

春祭　3책(330)

春草　4책(407)

春屬　5책(328)

出　2책(437), 3책(361)

尤　4책(251)

秫　4책(276)

菜　5책(111)

出交趾　5책(74)

出不流　4책(190)

尤似薊而生山中　4책(251)

出塞外　5책(482)

出隧　4책(338)

出如舒鴈　5책(292)

出穢邪頭國　5책(225)

菜黄子　5책(111)

出日南　5책(252)

出日南漲海中　5책(242)

出之子　2책(438)

出巴中　5책(521)

充　1책(178), 2책(44)

蟲　5책(199)

蟲舍蚳蝝　5책(142)

充盛　1책(178)

芜蔚也　4책(271)

爞爞　2책(319)

忡忡　2책(326)

蟲蠁　5책(180)

�　1책(226)

惴惴　2책(289)

聚　1책(214)

就　1책(274, 373)

取　1책(352)

翠　5책(344)

臭壞　3책(133)

取物終更始　3책(270)

翠微　4책(149)

吹沙小魚　5책(208)

取四時一終　3책(269)

聚生成房貌　5책(111)

聚石水中　3책(73)

臭如蘼蕪　4책(340)

毳衣如菼　2책(163)

聚積柴木於水中　3책(96)

取俊士　2책(71)

臭蟲　5책(121)

取禾一熟　3책(269)

測　2책(59)

仄出　4책(185)

昃昃　2책(329)

測度　2책(62)

櫬　4책(250), 5책(68, 70)

雉　1책(170), 5책(360)

治　1책(251, 332)

峙　1책(317)

誃　2책(12)

侈　2책(124)

熾　2책(179)

致　2책(21)

恀　2책(22)

鬌　2책(233)

稺　2책(31)

鉹　3책(148)

菑　4책(73)

榴　5책(100)

哆　5책(199)

鶒　5책(286, 367)

茞　5책(30)

鴟　5책(322)

鮨　5책(473)

梔　5책(89)

鷗脚莎　4책(254)

緇廣充幅長尋　3책(369)

治器之名　3책(162)

鷗類　5책(319)

馳騖事務　1책(186)

緻密　2책(251)

治樸之名　3책(161)

治兵　3책(361)

熾盛之貌　3책(283)

雉屬　5책(366)

淄水過其南及東　4책(103)

齒艾　5책(300)

齒如瓠棲　4책(265)

治玉名　3책(184)

鮐爲鱶　5책(473)

緇衣之蓆兮　1책(109)

治藘　4책(390)

荎藸　4책(409)

荎著　5책(29)

齒著于門闔　3책(55)

雉絶有力　5책(365)

癡鳥　5책(301)

雉之暮子　5책(382)

置之于山　3책(336)

齒墮更生細者　1책(143)

鷗鷃　5책(319)

鷗鵃　5책(321)

則　1책(138, 140), 2책(132, 262), 3책(273)

敕　1책(233)

湁　4책(287)

親　2책(69)

親近也　1책(365)

親暱者亦數　2책(45)

親同姓　2책(422)

親屬　2책(178)

親瘠　1책(227)

七達　3책(66)

漆樹　5책(12)

七月　3책(274)

七戎　4책(80)

七尺已上爲騋　5책(503)

綝　1책(124)

琛　2책(93)

寑　3책(76)

蔵　4책(303, 435)

枕　5책(268)

梣　5책(35)

枕凷以堛　2책(245)

沈落　1책(162)

茈藩　4책(346)

沈水食魚　5책(296)

沈研鑽極二九載　1책(84)

蟄　1책(160)

侜　2책(103)

稠　2책(104)

稱夫之母　2책(448)

侜爾戈　2책(103)

侜侜　2책(301)

타

妥　1책(268, 366)

鴕　5책(207)

驒　5책(400)

驒子　5책(400)

墮山喬嶽　4책(154)

墮羿　5책(373)

橢謂狹而長　5책(254)

妥而后傳命　1책(366)

沱潛旣道　4책(195)

佗佗　2책(298)

濯　1책(108)

劇　3책(161)

琢　3책(162, 184)

濁　3책(319)

鷻雉　5책(365)

橐含　4책(481)

誕　1책(108)

驒　5책(508)

梲　3책(37)

鮵　5책(210)

鷯鳩　5책(339, 349)

脫衣而見體　2책(398)

脫之　3책(136)

奪取　1책(352)

探　1책(352), 2책(94)

貪　2책(227)

貪羨　2책(228)

鍌　3책(157)

簜　4책(290)

蕩　4책(371)

湯孫奏假　1책(109)

簜在建鼓之間　4책(290)

盪盪　2책(317)

台　1책(189, 193)

殆　1책(248)

胎　1책(98)

迨　2책(109)

怠　2책(222)

慒　4책(430)

慒菭䳿醯　4책(430)

泰丘　4책(112)

迨其謂之　1책(236)

鮐背　1책(143)

太白星也　3책(325)

太史　4책(235)

泰山　4책(54, 132, 171)

胎生　5책(214)

太歲在甲　3책(264)

太歲在寅　3책(265)

泰室山　4책(174)

太原　4책(37, 115)

泰遠　4책(76)

泰風　3책(280)

泰風有隧　3책(280)

擇　1책(224)

宅　2책(198)

澤　4책(381)

澤龜　5책(272)

澤蓼　4책(315)

澤柳　5책(40)

澤蔦　4책(348)

宅是鎬京　2책(199)

澤虞　5책(333)

澤中有丘　4책(99)

土　2책(142)

芏　4책(433)

土橿　5책(19)

菟罝　3책(97)

菟瓜　4책(281)

菟瓜似土瓜　4책(281)

土瓜也　4책(298)

土塊也　2책(245)

鷁軌　5책(286)

菟葵　4책(374)

土菌　4책(338, 421)

土戴石　4책(167)

菟頭　5책(340)

土鹵　4책(416)

吐蚊　5책(350)

土蠱　5책(173)

菟絲　4책(392)

土山上有石者　4책(167)

土鴨　5책(235)

土蛹　5책(180)

土爰稼穡　1책(150)

冤子　5책(398)

土䲆　5책(148)

土䵷䶂　5책(171)

土蠶　5책(149)

土解　2책(331)

菟荄　4책(281)

菟奚　4책(420)

菟葵　4책(281)

土梟　5책(322)

冤後　4책(59)

恫　2책(216)

痛　2책(216)

通詁訓之指歸　1책(69)

通流　4책(186)

通名爲蔬　3책(260)

通方俗之殊語　1책(98)

通帛爲旃　3책(376)

通於谷　4책(129)

通正　3책(254)

通平暢也　3책(254)

退　2책(210)

穨　3책(282)

蓷　4책(271)

蕉　4책(376)

魋如小熊　5책(429)

渝　2책(165)

偸　2책(58)

投祭水中　3책(336)

忒　2책(47)

蟘　5책(196)

特　5책(401)

파

蚆　5책(253)

犯　5책(403)

巴丘湖　4책(33)

婆娑　2책(406)

頗似葵而小　4책(374)

跛者迤跛者　1책(358)

杷齒　4책(415)

皤蒿　4책(256)

阪　1책(108)

鈑　3책(158)

瓣　4책(265)

阪　4책(71)

版版　2책(317)

八角螫蟲　5책(157)

八孔　3책(208)

八達　3책(67)

八陵　4책(44)

八十爲耋　2책(168)

八月　3책(274)

八音克諧　1책(207)

八狄　4책(80)

敗　2책(40), 3책(133)

孛　3책(326)

旆　3책(369)

貝　5책(250)

牰　5책(527)

沛國呼稰　4책(320)

佩衿　3책(117)

貝母　4책(325)

佩玉之帶上屬　3책(117)

佩玉之組　3책(178)

貝中肉如科斗　5책(251)

孛孛　3책(326)

閟　3책(51)

彭蜎　5책(243)

徧　2책(15)

褊　2책(35)

萹　4책(368)

鯿　5책(227)

偏高　4책(108)

便攀援　5책(450)

蝙蝠　5책(346, 352)

楩屬　5책(37)

便速敏捷　2책(295)

編二十三管　3책(215)

便自停成汚池　4책(190)

萹蓄　4책(302)

便便　2책(283)

平　1책(274, 278), 4책(69)

抨　1책(345, 346)

洴　4책(372)

萍　4책(372)

苹　4책(379)

平陽　4책(50)

平者成也　1책(274)

平底　3책(210)

廢　1책(108, 268, 313), 2책(91)

蔽　1책(267), 3책(126)

獘　2책(187)

獘　5책(100)

櫋　5책(18)

蛪　5책(237)

獘鼠　5책(464)

蔽膝也　3책(118)

蔽黳　2책(258)

蔽壅　4책(16)

蔽雲　3책(293)

廢爲殘賊　1책(109)

獘者　5책(101)

苞　1책(213), 2책(154), 5책(107)

袍　2책(252)

暴　2책(112), 3책(285)

胞　4책(307, 401)

蒲　4책(352)

枹　4책(433)

麃　4책(447)

枹薊　4책(252, 419)

布穀　5책(281)

胞瓜　4책(412)

胞瓜爲瓞　4책(307)

蒲盧　5책(182)

枹樔　5책(69)

蒲柳　5책(41)

布帛　4책(462)

布似布　4책(461)

布散祭于地　3책(338)

布翅翱翔　5책(376)

捕魚籠也　3책(95)

布與　2책(267)

麃然　5책(427)

浦隩　4책(120)

枹者　5책(69)

圃田　4책(38)

圃田澤　4책(38)

枹遒木　5책(86)

布地　4책(368)

布地蔓生　4책(342)

布地生　4책(311)

餔敊　5책(354)

抱布貿絲　2책(36)

暴虐　2책(142), 2책(399)

捕虎一　5책(415)

暴雨　3책(297)

暴風從上下　3책(282)

暴風從下上　3책(283)

摽　1책(162)

穛　2책(333)

钁　3책(127)

劋　3책(213)

猋　3책(283), 4책(469)

飆　3책(283)

藻　4책(373)

藨　4책(424, 469)

薡　4책(447, 469)

賳　5책(250)

薦莓　4책(387, 447)

豹文　5책(413)

豹文麕鼠　5책(465)

表白裏靑　4책(300)

豹白色者　5책(409)

豹鼠旣辬　1책(82)

豐　1책(213)

楓　5책(51)

豐盛　1책(213)

風輿　3책(283)

風雨　3책(301)

風而雨土　3책(286)

馮翊　4책(177, 192)

馮河　2책(400)

楓香　5책(51)

霦　3책(154)

陂　4책(71)

柀　5책(17)

皮可煮作飮　5책(27)

皮理腠蹙　5책(401)

皮理錯戾　5책(80)

被髮　5책(443)

皮辟濕　5책(409)

皮色白　5책(92)

犥牛　5책(522)

皮有縟綵　4책(53)

陂陀不平　4책(71)

皮厚　5책(47)

皮厚二三寸　5책(18)

匹　1책(153, 155)

弼　1책(210, 289)

畢　1책(211), 3책(164, 273, 319), 4책(123)

筆　3책(165)

魜　5책(226)

鷝鴟　5책(312)

弼輔　1책(210)

必先有事乎社　3책(358)

必先祭其先　3책(342)

鷝烏　5책(312)

逼　2책(266)

鸊鷉　5책(331)

하

碬　1책(108)

夏　1책(108), 3책(244, 252, 347)

下　1책(162), 2책(111)

遐　1책(166)

河　4책(20, 222)

荷　4책(353, 354)

蕸　4책(354)

芐　4책(437)

鰕　5책(225, 266)

鰕　5책(511)

何鼓　3책(323)

河曲　4책(234)

河曲流　4책(228)

下句　5책(106)

河南　4책(13)

河南華　4책(131)

鰕大者出海中　5책(212)

河東　4책(20)

河東垈　4책(132)

夏獵　3책(351)

河柳　5책(39)

蝦蟆衣　4책(459)

蝦蟆子　5책(231)

下武維周　1책(159)

河旁赤莖小楊　5책(39)

河北恒　4책(132)

河墳　4책(43)

何不　2책(190)

河西　4책(14)

河西嶽　4책(131)

河勢上廣下狹　4책(235)

河水　4책(14, 201)

河水決出　4책(188)

下淫　4책(69)

夏羊　5책(534)

夏陽縣　4책(177)

鰕魚　5책(212)

夏屋山　4책(59)

夏曰歲　3책(268)

夏月暴雨爲凍雨　3책(297)

夏有水　4책(164)

夏有水冬無水　4책(181)

河有灘　4책(204)

下者　4책(71)

夏祭　3책(330)

何足算也　1책(329)

河中陼上又有一漢　4책(192)

河之有灘　4책(188)

河千里一曲一直　4책(228)

何天之休　2책(199)

下出　4책(184)

河出崐崙虛　4책(227)

下平　4책(71)

夏鴈　5책(328)

夏后氏駱馬黑鬣　5책(512)

謔　1책(149)

壑　1책(219), 2책(260)

涸　1책(303)

虐　2책(142)

謔　3책(161)

嗥　4책(164)

鷽　5책(298)

學覽者之潭奧　1책(73)

學有緝熙于光明　1책(201)

豻子　5책(417)

豻醜　5책(446)

邗邗　2책(330)

謔謔　2책(361)

譹譹　2책(361)

熯　1책(244)

罕　1책(280)

翰　1책(288)

閑　1책(298), 2책(147)

閒　2책(182)

恨　2책(219)

扞　2책(241)

漢　4책(13)

蜠　5책(146)

軡　5책(161)

鶾　5책(297)

韓　5책(365)

骭脚脛　2책(384)

閑暇貌　2책(147)

鶾雞　5책(297)

漢南　4책(17)

恨士失也　2책(354)

寒蟬鳴　5책(124)

骭瘍爲微　2책(384)

旱熱薰炙人　2책(319)

漢爲潛　4책(195)

寒蚓　5책(152)

寒漿　4책(303)

寒蜏　5책(124)

寒蜩　5책(124)

漢之廣矣　4책(211)

漢津　3책(308)

韓雉　5책(365)

寒鄕　3책(35)

劼　1책(202)

硈　2책(145)

割　2책(73)

硈然堅固　2책(145)

咸　1책(325)

鹹　2책(55)

蛤　5책(156)

蝤　5책(242, 250)

咸丘　4책(107)

菡萏　4책(355)

檻得一獸　5책(413)

銜矢射人　5책(373)

咸劉厥敵　1책(182)

含漿　5책(238)

邰　1책(153)

盍　1책(153), 2책(190)

合　1책(153, 157)

閤　3책(53)

闔　3책(54)

合剝鳥皮毛置之竿頭　3책(373)

邰陽縣　4책(192)

陜而修曲　3책(76)

合浦　5책(522)

恒　1책(138)

沆　2책(240)

亢　3책(301), 5책(380)

芫　4책(463)

肮　5책(192)

魧　5책(251)

远　5책(398)

項綠色鮮明　5책(364)

䢔門　3책(53)

恒山　4책(132, 172)

魧屬　5책(251)

恒戰㦦　2책(381)

亢卽咽　5책(380)

巷閣間道　3책(62)

諧　1책(207)

懈　2책(222)

妎　2책(263)

餀　3책(131)

醢　3책(141)

峐　4책(162)

海　4책(18, 22, 25)

荄　4책(480)

解　5책(395)

豥　5책(402)

薤　4책(313)

薤菜也　4책(313)

薢茩　4책(304, 305)

解能自張閉　5책(271)

海蘿　4책(455)

海濱廣斥　4책(36)

奚相　5책(131)

海魚　5책(220)

海隅　4책(35)

海鳥　5책(326)

海藻　4책(455)

海雉　5책(364)

海蛤　5책(232)

翩　3책(151)

核堅　5책(74)

行　1책(258), 2책(39), 3책(63, 71)

幸　2책(124)

菩　4책(295)

杏　5책(16)

行頭仰　5책(246)

行頭右庫　5책(247)

行頭低　5책(245)

行頭左庫　5책(247)

行而相值　1책(260)

行則搖　5책(311)

行屬　5책(328)

行或尼之　1책(268)

享　1책(349, 350)

嚻　2책(224)

鄕　3책(47)

蠁　5책(180)

享祀　1책(349)

香櫻　3책(119)

香中炙啖者爲蔽　4책(257)

香草　4책(340, 405)

蠁蟲　5책(180)

虗　1책(219, 265), 3책(311, 312)

栩　5책(28)

虗山下基也　4책(227)

虗星之名　3책(312)

虗在正北　3책(311)

憲　1책(140)

獻　1책(350), 2책(148)

獻其皮骨爪牙　5책(411)

軒于　4책(335)

憲憲　2책(360)

歇　1책(303)

玁　5책(541)

險難　1책(342)

險者　5책(254)

奕　1책(108)

闃　2책(219)

革　3책(128)

革中辨　3책(189)

革中絶　3책(189)

赫赫　2책(308)

弈弈　2책(326)

赫兮烜兮　2책(380)

顯　1책(201, 261, 307)

倪　2책(239)

玄　3책(274)

莧　4책(365)

蜆　5책(165)

蠉　5책(228)

贙　5책(453)

縣　5책(495)

駽　5책(508)

玄駒　5책(504, 505)

縣鈴於竿頭　3책(372)

賢士盛多之容止　2책(293)

賢士永哀念窮迫　2책(364)

賢士衆　2책(346)

玄孫　2책(424)

玄孫之子　2책(425)

玄英　3책(253)

縣危　2책(289)

縣以吉玉　3책(336)

玄黑　3책(264)

賢人愁恨　2책(324)

賢人失志　2책(325)

賢人憂歎　2책(348)

賢者陵替姦黨熾　2책(363)

玄者言親屬微昧也　2책(424)

賢者憂懼無所訴也　2책(358)

玄鳥　5책(318)

縣鐘磬之木　3책(153)

縣出　4책(184)

玄貝　5책(252)

玗珥　2책(356)

鞃鞃佩璲　3책(149)

玄黃　1책(226)

玄枵　3책(311)

絜　4책(237)

孑孑　5책(228)

穴乳　5책(345)

穴入地三四尺　5책(372)

絜淸　1책(305)

穴出　4책(185)

嫌於無陽　3책(275)

嫌人不了　4책(114)

協　1책(132, 207)

劦　1책(208)

挾　2책(90)

浹　2책(91)

頰裏貯食處　5책(475)

夾門堂也　3책(54)

夾山有岸　4책(156)

夾室前堂　3책(75)

莢有毛刺　5책(45)

協洽　3책(265)

刑　1책(138, 140)

荊　1책(146, 176)

形　2책(133)

兄　2책(422)

褮　3책(115)

陘　4책(159)

熒　4책(300)

迥　1책(166)

兄公　2책(448)

荊葵也　4책(327)

形大如鼠　5책(464)

荊桃　5책(57)

形四方　4책(95)

形似水牛　5책(441)

形似篆書丁字　5책(268)

衡山　4책(133)

荊山　4책(14)

衡山之陽　4책(17)

熒陽　4책(38)

形如今牀頭小曲屛風　3책(44)

形如堂室　4책(152)

形如秤錘　3책(210)

兄弟　2책(449)

兄鍾　2책(449)

刑罪　1책(142)

荊州　4책(14, 17)

荊州謂之欒　4책(154)

兄之子弟之子相謂　2책(423)

荊楚人皆云遷　2책(131)

荊楚人呼牽牛星　3책(324)

荊巴　5책(173)

熒火　5책(185)

邢侯之姨　2책(437)

徯　1책(247)

惠　1책(318), 2책(29)

騱　5책(491)

蟪蛄　5책(124)

惠公者何?　2책(419)

蜸蚕　5책(148)

蠵螺　5책(124)

鼸鼠　5책(462)

彗星　3책(326)

徯我后　1책(247)

惠然肯來　2책(29)

嘒嘒　2책(352)

橞楮　5책(34)

橞楮先殚　5책(34)

晧　1책(201)

祜　1책(240, 254)

好　2책(104)

譚　2책(152)

號   2책(152, 377)

怙   2책(22)

餬   2책(248)

滸   4책(125)

扈   4책(142)

岵   4책(162)

蒿   4책(256, 454, 467)

蔰   4책(350)

鰝   5책(212)

鳸   5책(302, 328)

狐   5책(446)

瓠   5책(61)

扈廣貌   4책(142)

滸水厓   4책(205)

濩煮之也   2책(385)

瓠壺也   3책(89)

虎葛   4책(438)

好顧眄   5책(450)

胡丘   4책(95)

好盜脂膏   5책(303)

虎豆   5책(45)

胡豆也   4책(277)

好登山峰   5책(457)

虎櫐   5책(45)

狐梨   5책(155)

毫毛長   5책(439)

好放肆   2책(113)

好倍肉   3책(175)

好剖葦皮   5책(306)

好奮迅作聲   5책(194)

胡不承權輿   1책(98)

好生道旁   4책(302)

好生道邊   4책(459)

瓠棲   4책(265)

胡蟬   5책(124)

胡蘇   4책(236)

胡蘇亭   4책(236)

胡枲   4책(440)

好食棘   5책(441)

好食蛇   5책(271)

蔰也者   4책(351)

好搖翅   5책(195)

好人安詳之容   2책(303)

虎杖   4책(263)

虎梓   5책(50)

護田鳥   5책(333)

虎竊毛   5책(408)

虎爪   5책(430)

壺棗   5책(61)

瓠中   4책(39)

戶持鑱植也   3책(36)

昊天   3책(244)

好叢生山中   5책(80)

虎豹   4책(53), 5책(432)

虎豹之屬   5책(420)

虎懸   5책(124)

惑   2책(265)

縠   5책(420)

或歌或咢   3책(221)

或胈或縣   3책(336)

或浮或沈   3책(336)

或肆或將   2책(247)

或寢或訛   1책(319)

或呼爲濁   3책(319)

昏   1책(186, 307)

渾   1책(336)

惛   2책(316)

婚   2책(449)

繉   3책(151)

鯶魚   5책(207)

昏見西方爲太白   3책(325)

婚姻   2책(449, 451)

懽懽　2책(358)

闊　1책(166)

姞　2책(255)

菂　4책(465)

活東　5책(231)

活芡　4책(332)

活脫　4책(403)

蝟蟬　5책(243)

皇　1책(105), 2책(203, 274), 4책(412), 5책
　　(308, 342)

賏　1책(123)

隍　1책(219), 2책(260)

荒　2책(18), 3책(261)

偟　2책(225)

況　2책(235)

凰　4책(476)

騜　5책(507)

凰華榮　2책(275)

黃甲小蟲　5책(135)

黃金　3책(157), 4책(49)

黃離留　5책(343)

騜駁其馬　5책(507)

黃髮　1책(143)

黃白　5책(507)

黃白文　5책(252, 424)

黃白雜毛　5책(510)

黃白雜文　5책(350)

蟥蚈　5책(133)

黃蚈　5책(134)

黃腹　5책(536)

黃魚　5책(202)

黃英　5책(42)

黃牛黑脣　5책(525)

黃爲文點　5책(253)

蝗子　5책(142)

黃蒢　4책(404)

黃鳥　5책(342)

黃華　4책(406, 424)

皇皇　1책(205)

黃黑色　5책(454, 455)

會稡舊說　1책(84)

懷　1책(118, 239, 268), 2책(21)

淮　1책(146), 4책(22, 222)

會　1책(153, 157), 2책(127)

賄　2책(160)

懷　2책(21)

晦　2책(210), 3책(288)

薈　4책(285)

檜　5책(105)

魖　5책(164)

櫰　5책(74)

回旋也　4책(188)

會稽　4책(46)

會及曁皆與也　1책(300)

淮南　4책(116)

晦冥　3책(288)

回毛在膺　5책(500)

迴返也　2책(15)

懷報德也　2책(351)

懷山襄陵　2책(244)

悔爽忒也　2책(354)

懷羊　4책(285)

懷憂病　2책(325)

淮爲滸　4책(195)

檜楫松舟　5책(105)

回川　4책(187)

迴風　3책(283)

個個　2책(316)

獲　1책(340)

獲禾爲稽　1책(341)

橫目　4책(382)

橫吹之　3책(208)

孝　1책(349)

嚻　2책(147)

肴　2책(166)

髇　3책(203)

笅　3책(215)

梟　5책(322)

孝道　1책(349)

孝廉郎終軍知之　5책(465)

梟陽也　5책(444)

嚻然　2책(147)

枵之言秏　3책(311)

髇形似犁錧　3책(204)

憢憢　2책(289)

后　1책(105)

侯　1책(105, 324, 370)

厚　1책(254)

後　2책(275)

餱　2책(53)

鍭　3책(168)

姁　5책(527)

後高　4책(107)

厚貌　1책(254)

侯莎　4책(350)

後似狗　5책(267)

後生　2책(422)

侯誰在矣　1책(370)

後弇諸獸　5책(246)

後右足白　5책(492)

後足皆白　5책(491)

厚重　2책(141)

勳　1책(273)

訓　1책(324)

薰　2책(319)

纁　3책(180)

塤　3책(210)

纁帛縷　3책(365)

虇　1책(374)

虇虇　2책(296)

諼　2책(373)

萲　2책(373)

狟　5책(417)

煊　2책(221)

餯　3책(131)

卉　4책(278)

檓　5책(48)

毀廟主　1책(363)

毀覆　2책(40)

虺牀　4책(418)

毀也　1책(168)

虺穨　1책(226)

喙頜雜白　5책(352)

徽　1책(124, 268)

揮　1책(303)

輝　3책(30)

徽　5책(224)

翬　5책(366, 376)

彙　5책(443)

揮振去水亦爲竭　1책(303)

虺　1책(168)

休　1책(205, 315), 2책(33, 199), 5책(59)

庥　2책(77)

驕　5책(433)

嶲周　5책(316)

鵂鶹　5책(285)

驈也　5책(434)

睢陽縣　4책(32)

休有烈光　1책(201)

休休　2책(312)

遹　1책(133), 2책(23)

恤　1책(232)

鷸　5책(344)

訹　1책(264), 2책(209)

凶　　2책(153)

訕讟　2책(209)

黑　　3책(181)

黑脚　　5책(526)

黑甲蟲　　5책(128)

黑羖羅　　5책(534)

黑白駁　　5책(409)

黑腹　　5책(526)

黑色可食　　4책(309)

黑色貝也　　5책(252)

黑黍　　4책(317)

黑水　　4책(15)

黑脣　　5책(525)

黑脣牛　　5책(525)

黑飾地也　　3책(26)

黑身　　5책(161)

黑爲文點　　5책(253)

黑耳　　5책(526)

黑眥　　5책(526)

黑鱧　　5책(208)

黑瓴也　　5책(534)

黑虎　　5책(411)

黑喙　　5책(512)

欣　　1책(129), 5책(398)

䫈　　3책(125)

爨　　5책(477)

欣䝔　　5책(527)

迄　　1책(118)

訖　　1책(268)

欽　　1책(244)

廞　　1책(311)

欽欽　　2책(326)

翕　　1책(153)

翕翕　　2책(363)

興　　1책(311), 2책(14)

興於中古　　1책(82)

興作貌　　1책(293)

喜　　1책(129, 339), 2책(311)

忥　　1책(160)

禧　　1책(164, 240)

希　　1책(280)

熙　　1책(311)

呬　　1책(315)

鬩　　1책(315)

餼　　2책(375)

菥　　4책(374)

鵗　　5책(367)

豨　　5책(400)

喜亂飛　　5책(188)

喜齧桑樹　　5책(130)

豨首　　4책(282)

喜食瓜葉　　5책(135)

喜而服從　　1책(132)

喜子　　5책(178)

喜自經死　　5책(166)

餼饌　　2책(376)

戲謔　　1책(149)

襑　　3책(118)